我们深爱孩子，可是有时候爱不只是提供物质条件，

爱还意味着陪伴，您的陪伴，无可替代！

Six Years of
Middle School

一位资深的教师、心理学专家与母亲，
将协助家长寻找问题根源，
提供心理分析及建议，探讨教养之道。

Six Years of
Middle School

陪孩子走过
中学六年

李媛媛 著

哈尔滨出版社
HARBIN PUBLISHING HOUSE

图书在版编目（CIP）数据

陪孩子走过中学六年 / 李媛媛著. —哈尔滨：哈
尔滨出版社，2015.1
ISBN 978-7-5484-1907-5

Ⅰ.①陪…　Ⅱ.①李…　Ⅲ.①中学生-家庭教育
Ⅳ.①G78

中国版本图书馆 CIP 数据核字（2014）第 187787 号

书　　　名	:	陪孩子走过中学六年
作　　　者	:	李媛媛　著
责任编辑	:	杨　磊　任　环
责任审校	:	李　战
封面设计	:	琥珀视觉－包姝

出版发行：哈尔滨出版社（Harbin Publishing House）
社　　址：哈尔滨市松北区世坤路 738 号 9 号楼　　邮编：150028
经　　销：全国新华书店
印　　刷：辽宁星海彩色印刷有限公司
网　　址：www.hrbcbs.com　www.mifengniao.com
E－mail：hrbcbs@yeah.net
编辑版权热线：（0451）87900271　87900272
邮购热线：4006900345　（0451）87900345 或登录蜜蜂鸟网站购买
销售热线：（0451）87900201　87900202　87900203

开　　本：787mm×1092mm　　1 / 16　　印张：11.5　　字数：150 千字
版　　次：2015 年 1 月第 1 版
印　　次：2015 年 1 月第 1 次印刷
书　　号：ISBN 978-7-5484-1907-5
定　　价：25.00 元

凡购本社图书发现印装错误，请与本社印制部联系调换。**服务热线：**（0451）87900278
本社法律顾问：黑龙江佳鹏律师事务所

前言

　　孩子在初高中时期正值青春期，一边是学习压力增大，一边是对环境的理解和适应能力尚不成熟，老师的时间精力有限，家长忙着工作和生活，想同时帮助孩子却经常感到无从入手。在孩子最需要信赖的长辈给予关注和建议的时候，却有看不见的鸿沟横亘在孩子和父母之间，父母不能替孩子感受这个世界，孩子也开始犹豫该如何面对未来。孩子的心理和行为问题从内隐到外显，往往就在家长的眼皮底下，但通常家长注意到的时候总是为时已晚。家长困惑，孩子无措，是争论谁对谁错，谁说了算，还是共同面对，携手解决呢？

　　未来的世界终究要交给这些90后、00后，没有健康的身心，再远大的理想都将成为空谈。传统道德审美和价值体系在不断受到冲击，我们唯有与时俱进，才能跟上孩子的步伐，了解他们的思想和变化，给他们健康的身心和卓越的能力，给他们独立思考的品质和勇于进取的精神，给他们辽阔的天空和坚定的支持，给他们衷心的祝愿和充分的信任。

　　交通肇事后对受害人连刺八刀致其死亡的大学生，留学归来在机场因学费争执扎母亲九刀的留学生，为争夺女朋友而数十人街头火拼的初中生，被网友骗财骗色并耽误高考的高中生，还有和老师闹意见用鞋带上吊的男孩，为摆脱母亲辱骂而喝农药自尽的女孩……每条新闻都是重磅炸弹，让家长心碎，让老师沉痛，让众人震惊，但除此之外，更多的则是茫然。我们有必要付出更多努力，帮助青春期的孩子度过不稳定的中学六年。

中学生厌学、网瘾、暴力、援交、吸毒，犯罪率呈上升趋势，隐藏在背后的心理原因往往是焦虑、抑郁、强迫、恐惧、不安等情绪，或人格的问题。解决这些深度问题，不能只关心表面现象和个别案例，要用更灵活的方式、更审慎的态度去对待每个成长中的孩子。写作此书奉献给青春期孩子的家长，目的就是让他们知道，孩子的问题不仅仅是孩子自己造成的。很多现象的成因复杂，有些是幼年就与父母分离产生的焦虑，有些是成长过程中遭遇过重大事件或挫折，有些是对父母教育方式的反馈，也有些根本就是家庭文化或社会舆论的熏陶影响。

作为一位母亲和心理学作者，我希望能和家长们一起，通过分析案例，来探讨这些现象背后的原因，从心理学角度关注中学生的成长环境和心灵世界。想要减少伤害，除了关心孩子的学习成绩、文化知识，更要关心他们人格养成和综合能力，给他们更广阔的视野，更多肯定自身价值的机会，协助他们去探索未知的世界。

匆忙中写作此书，意在抛砖引玉，和更多的家长一起群策群力，帮助我们的孩子度过关键的中学六年。如果文字沉闷，看上去琐碎唠叨，还请原谅。这是一个昔日老师、今日母亲的志忑与忧患，也是一个心理学工作者的沉思与期待。

李媛媛
2014年春天 北京

第一章 爱要说出口，精心经营亲子关系

第二章 在日常生活中塑造孩子的价值观

第三章 做个更好的人

第四章 玩物不丧志，让孩子更快乐

第五章 让孩子的心灵强壮起来

第六章 重视孩子的人际关系

第一章

爱要说出口，精心经营亲子关系

小学阶段是以培养兴趣和习惯为主的，孩子上到中学，才开始了严格意义上的学习生活。很多家长以为孩子上中学了，应该比以前更懂事，自理能力更强了，辨别是非的能力也该提高不少。从大方向上来看，这种理解没错，问题是孩子接触的东西也比以前多了，因此他们的身心发展进入了一个高速且不平衡的时期，青春期、第二逆反期、初恋萌芽都在这时候，加上他们不像小时候那么"听话"，有了独立的思考和视角，所以中学阶段是孩子关键的转型期，父母要对可能出现的各种情况有所准备，包括心理准备和技术准备。

家长不要轻易对孩子的情况下负面定义。有些家长带孩子去做智力测试，想知道自己的孩子是不是有智力障碍。父母的心情可以理解，但这样做对孩子有害无益。人的智力水平并不是一成不变的，另外测试结果和学习成绩也未必成正比。健康的心态、正确的方法、勤奋的学习对实际的影响更大。

下文所列事例仅仅就事论事，旨在提出一些一般观点和短期处理方式，更多的现实问题，还需要家长、老师和孩子共同努力面对。因为即使是相似的表现，也可能有不同的深层原因，加上每个人的成长经历、生活环境、性格和气质都有差别，所以不能一方治百人。不管孩子出现什么样的问题，都需要家长的耐心陪伴和细心开导，对孩子来说，这是治愈各种青春期症状的良药。

孩子拒绝与父母沟通怎么办

　　小文是个性格内向的女生，能正常与人相处，也会和父母聊天，说些学校的事。初中二年级时，她被一个初三男孩追求，有人从中穿针引线。小文本来并不想交往，但收到男孩写的信后觉得这个男孩文采不错，也很真诚，男孩是班里的体育委员，学习成绩很好，于是小文就以"认识一下也没关系"的心态接受了男孩的邀请，他们一起去公园散步，一起吃午饭，放学后一起写作业。小文和男孩之间最亲密的举动就是拉拉手。

　　有一次，男孩轻轻地亲了小文一下，小文害羞而忐忑地把这件事写在了电脑日记里。结果小文妈妈用电脑的时候发现了，立刻如临大敌，跑到学校找到那个男孩一顿呵斥，又找到男孩的班主任老师要求男孩的家长管教其孩子的"流氓行为"。事情很快沸沸扬扬传开，同学们都说小文和男孩同居了，甚至还谣传小文去医院堕过胎。小文在学校羞愤难当，抬不起头来，特别是经常有淘气的男生对她吹口哨，而女生们则冷嘲热讽地说她"假纯真"，小文感到被深深地伤害了，她和男孩不再来往，男孩也转学了。

　　小文每天默默地上学放学，在学校里沉默寡言，也不回答老师的问题，回家后不和母亲说一句话。父亲从外地赶回来，问小文话，小文一声不吭地流泪。开始父母以为孩子只是一时想不开，但半年过去了，小文始终不和父母说话，放了假就把自己关在房间里还反锁房门。时间久了，小文的父母发现孩子的异常，非常担心她做出极端的事，不知如何是好。

回想我们上学的时候，也会对异性同学有朦胧的好感。是的，谁没年轻过呢？我知道今非昔比，如今的校园环境和社会环境都与20年前大不相同，但我们不能因此就认定：只要孩子有亲密的异性朋友，他们就一定是"不正当关系"。什么才是"正当关系"？青春期的少年彼此心生好感是自然的，处理得当这种情感会成为美好的回忆，处理不当会生出不良后果，在这个案例中母亲有不够理智的地方，处理问题缺乏思考。小文和男生的交往确如其母亲所担心的，会发展出多种可能，幸亏流言仅仅是流言，如果流言成真的话，伤害会更大。我们爱孩子，不希望孩子受伤害，但孩子在一天天长大，不能永远在父母的翅膀下。父母接纳孩子的变化，也要给孩子潜移默化的引导。

孩子和父母之间要有健康而通畅的沟通，这不仅是孩子的需要，也是父母的需要。孩子从父母那里得到建议，父母也从孩子那里得到信息，增进了解，使彼此感情融洽，才能更好地处理问题。很多父母发现孩子上中学后不再像小学时那样乐于讲述学校的事，也不像过去那样兴高采烈地描述班里同学的情况，父母问一点儿，得到孩子敷衍的答复，再追问，孩子就厌烦了。

孩子真的是故意拒绝与父母沟通吗？为什么孩子过去很喜欢和父母聊天，后来却逐渐变成了"一问三不知"或者"问三句答一句"？做父母的需要先反思一下自己一直以来是如何回应孩子的话题的。

有的父母在外忙碌一天，回到家还要做家务，上有老人下有子女，难免力不从心。当孩子高兴地宣布"今天足球赛3：1胜利"时，我们可能习惯性地说："那有什么用，又进不了国家队，踢足球能找到好工作吗？"这样的回应挫伤了孩子的积极性，既然父母不肯分享喜悦，那就是"没有共同语言"，孩子将逐渐不再主动和父母交流。有个孩子遇到了困难，向母亲求助："妈妈，班里有个男生老找我碴儿，可讨厌了。"母亲则想当然地回应："你不会告诉老师吗？你都这么大了，人家欺负你，你不会反击吗？"其实孩子的话还没说完，也可能那个男生不是"找碴儿"，而是在"变相追求"，孩子正犹豫如何处理，想请家长帮忙分析呢。家长没有认真倾听孩子讲述来龙去脉，也没有坐下来真诚地帮孩子分析，只是用想当然的逻辑教训了孩子，孩子感到父母不理解自己，还说"风凉话"，于是孩子索性接受追求，找个人听自己说话也好，她也可能会参加个小团体、小帮派来"保护自己"。孩子带着情绪回家，如果家长疏于观察，或者发现了也不过问，认为孩子没说就算了，就会拉开自己与孩子的心灵距离，孩子会越来越不想和父母交流。由此可见，不是孩子拒绝和父母沟通，而是我们的回应方式让孩子做出应激反应。孩子的沉默是对自己尊严的保护，也是疏远父母的开始。

我们要怎样和孩子沟通，怎样解决沟通障碍呢？

首先，关于青春期少年对父母的一些选择性拒绝，或者在沟通上对一些话题的回避，既有青春期逆反的成分，也有孩子成人意识觉醒的成分，对他们的选择要给些宽容，给点儿时间。孩子说："我和你没什么好说的，说了你也不明白。"我们可以回答："是啊，你长大了，有心事了，妈妈只是关心你，如果你不想说也没关系，随时想谈都可以找我。"也可以说："好的，我明白了，没问题，你可以自己决定说或者不说，假如需要我做什么，就告诉我。"

其次，处理问题要充分顾及孩子的尊严，表扬可以当面，也可以背后对亲友谈起，因为当孩子从别人的口中听说父母的夸奖，会觉得光荣、真实。批评则要尽量在私下进行，即使当着爷爷、奶奶这样的亲属也不能随便说："这孩子很不听话，特别懒，不好好学习，不省心，就知道花钱、上网，居然还写情书……"孩子没能从中听到父母的肯定和建议，只听到了唠叨和抱怨，并且他会觉得这让自己以后在亲戚、朋友面前抬不起头来，索性破罐破摔。如果发现孩子在谈恋爱，在家、在学校都魂不守舍，那么私下可以这样问："怎么，摆不平了？谁还没喜欢过帅哥／美女？对方喜欢就喜欢，不喜欢就不喜欢，可别顾此失彼啊，该学习学习，该休息休息，要是为一件事耽误了所有的事，是不是太不划算啦？"

再次，如果家长发现冤枉了孩子，或者处理方式过激，事后要对孩子道歉。成人用自己的行动表达了真诚的态度，将能得到孩子的尊重，也会化解孩子的委屈，使孩子愿意考虑父母的建议。同时父母也给孩子做了榜样，犯了错误勇于面对，坦率承认。父母不能为了面子而不顾自己对他人的伤害。

对孩子的选择性沉默，家长可以关注情况的发展，不要胡乱猜测或穷追不舍。偶尔的情绪问题让孩子自己化解也未尝不可。如果确认是由现实因素造成的情绪问题，家长可以通过耐心细致的沟通来帮助孩子。除了语言沟通还有其他的沟通方式，表情、动作都能传达关心爱护，不要反复逼问或过分强调。当孩子不想说时，别强迫其开口，可以一起轻松地做点儿别的事，或先从无关紧要的小事入手，逐渐打开话题。比如"要不要帮你点个蚊香？""你想吃饺子还是面条？""暑假咱们全家去鼓浪屿还是丽江？"等孩子慢慢消除了戒备，也减缓了焦虑，心情放松了，家长再和他沟通前面的问题也不迟。"考虑得怎么样了？其实没那么严重吧？谁都会遇到类似的挫折，爸爸、妈妈会永远支持你、相信你的！"相信此时孩子一定愿意与家长分享烦恼和小秘密。

有时候沉默会使得孩子原本的抑郁、焦虑情绪更严重，越积累越严重，无法释放，那么家长可以陪伴他们向专业医生咨询或口服抗焦虑药，但须严格遵照医嘱控制剂量。另外，为抗焦虑或抑郁而服药的事情，不要对周围的人讲，这是为了保护孩子的名誉和尊严。因为很多人对服用精神科药物的人有成见，过分关心或议论纷纷会加重孩子的心理负担。

与孩子平等相待，互相尊重

电影《新警察故事》讲述的是一群犯罪少年与警察心理战的故事。

银行劫匪阿祖，带领着一个由豪门少爷小姐组成的团伙，持枪抢银行，还让银行人员报警以进行活人杀戮游戏。陈国荣督察是警察中的精英，带领下属九人追捕劫匪，反而落入陷阱，下属被逐个摔死，女友可颐的弟弟也在其中。

陈国荣一人生还，深感痛苦内疚，遂开始颓废酗酒。半路杀出少年阿锋，激励陈国荣鼓起勇气重新面对。

电影的结局是陈国荣与劫匪再次面对面，他和阿祖在大厦顶上对峙。闻讯赶来的阿祖的父亲却边走边骂儿子是笨蛋、废物。对父亲深深失望的阿祖哭着卸去子弹，假装射击，被狙击手枪杀。

阿锋这个冒牌警察原来是多年以前，陈国荣曾经帮助过的一个小孩。陈国荣曾经把自己的衣裳盖在一个被撞伤的男人身上，他曾对男人的孩子说了句鼓励的话，他曾把离开父亲的阿锋送上了回家乡的警车……

暴力滋养暴力，温情孕育希望。

成人比较少玩网络游戏，也不明白是什么人开发出这样的游戏，在空荡荡、黑漆漆的房间里，用冰冷的枪械射击一个又一个目标。每次击中目标都将得到加分奖励。孩子们在玩这个游戏时，都觉得现实中的苦闷被一扫而光，终于有一片属于自己的领地了，不但可以忘记家长的唠叨和老师的责备，忘记成绩的压力和青春的迷惘，还可以用别人的鲜血渲染成功的战场。如果自己不小心被打死，游戏还可以重来。成就感、归属感在这里都能找到。

被父母一边娇生惯养、一边呵斥否定的孩子是不快乐的，他们的内心渴望父母的尊重和认同。父母却以为给了锦衣玉食的生活就足够了，孩子就能得到满足，并且完全听从父母的话。这样的孩子虽然在物质上得到极大的满足，但心灵世界却是一片荒芜，只有华贵，没有温暖，孩子必然对父母失望，从而叛逆出轨。

一个经历过不幸的孩子，在最迷惘无助的时候得到过他人的温情安慰，他内心将会希望自己也能成为这样的人，帮助别人、匡扶正义。如果他不在乎别人的善意，认为世界欠自己的，认为老天不公平，认为凭什么自己这么倒霉，没能拥有得更多，那么也许他长大后会走上邪恶的道路。

人可以选择记忆，把生活中的不幸忘掉，记住别人的好，记住无助的时候别人给予的温情和帮助，给自己希望。

2010年9月16日零时许，初二学生赵某发现父亲正在殴打母亲。父亲平时性情暴躁，不但经常殴打母亲，还动不动就对自己和两个姐姐暴力相向。为了保护母亲，也为教训父亲，内心充满愤怒的赵某从床上爬起，在屋内碗橱顶上取出一把水果刀，朝父亲背部捅了一刀，致其左肺和胸主动脉破裂，送医院抢救无效死亡。（来源:《现代快报》）

全国妇联 2004 年的调查数据显示，在我国 2.7 亿个家庭中，大约有 30% 存在家庭暴力。大部分家庭暴力的受害人是女性和孩子，因为他们处于弱势。女性遭受家庭暴力的情况，已经得到社会的关注和声援，但是有些针对孩子的家庭暴力，是父母共同实施的，或者一方实施，另一方旁观、漠视、无动于衷，认为正好一个红脸，一个白脸，联合执法，甚至觉得为了教育孩子而揍他一顿很正常。这种思想的心理基础是家长把孩子当成了家中的"二等公民"，以为自己给了孩子生命，又供养了孩子的生活所需，在孩子面前就有优势。归根结底是家长没有把孩子放在一个与自己平等的位置上看待，当然也就谈不上尊重孩子。不尊重孩子的父母，反过来能得到孩子的尊重吗？棍棒底下出来的孝子是真孝子，还是在武力下委曲求全的假孝顺、真叛逆呢？在家庭里没有被尊重的孩子，走上社会会如何对待他人？是像父母那样信奉强权和暴力，还是像过去的自己那样低眉顺眼讨生活？无论是哪种，恐怕都不是对孩子的祝福，也不是父母最初的期望。我们能和孩子平等相处，孩子才知道如何与他人平等相处；我们尊重孩子，孩子才会学到如何尊重他人。

中国青少年犯罪研究会的统计资料表明，近年来，青少年犯罪现象呈上升势头，青少年犯罪总数已经占到了全国刑事犯罪总数的 70% 以上，其中十五六岁少年的犯罪案件，又占到青少年犯罪案件总数的 70% 以上。

导致这一问题的主要原因，是新的青少年暴力文化。孩子都是有

父母的，是谁把孩子变成了罪犯，是谁把他们从阳光灿烂的生活，推向了与现实隔绝的游戏？他们是经受不住诱惑，还是因为现实中的挫折无法解决，而胆怯地躲藏起来了？躲藏在依然被成人藐视的游戏中，给现实的沟通贴了封条。

有些父母给孩子提供了优越的物质生活，然后把孩子的教育完全甩给老师或学校，觉得孩子应该满足，并听从父母的话。但孩子不是被圈养的宠物，只要衣食无忧便别无所求。孩子不仅需要父母提供物质条件，更需要和父母有心灵的交流和情感的沟通。他们希望能把遇到的问题及时向父母倾诉，得到解释或帮助。父母的作用是老师和学校替代不了的，所以不管多忙父母也要和孩子经常交谈。如果时间不多，父母更要提高相处的质量，不要企图用物质替代心灵关怀。心灵关怀是把孩子当作你珍爱的对象，是建立在爱孩子、尊重孩子的基础上的，单纯的物质满足只是爱的表现形式之一，缺乏心灵关怀的物质满足，是对孩子的敷衍塞责。

家长应帮孩子远离暴力文化，少接触带有暴力元素的游戏和商业电影，当发现孩子有暴力倾向的时候，帮孩子分析什么才是更有智慧、更有力量的东西，是知识和能力，是修养和德行，而不是蛮力和粗野。更需要说明的是，父母不要对"不听话"的孩子施加暴力，动辄打骂。一个坏榜样粉碎一百次的苦口婆心，得不偿失。父母给孩子温暖而坚定的支持，孩子也会欣赏父母的睿智笃定，希望自己也能成为这样的人。

父母与子女之间，无论哪一方，都未必完美。父母无论是贫穷还是富有，有文化还是没文化，都愿意为孩子付出爱与辛勤，也该得到孩子的尊重和爱戴；同样，不管孩子是第一名还是倒数第一名，有怎样的性格特征和能力侧重，他们都是父母的孩子。孩子的性格是由环境塑造而成的，如果他们自身的性格有问题，孩子本身负有一定责任，更大的责任则在于生活的环境，尤其是家庭环境。

父母和孩子之间的沟通，可以用语言，可以用行动，但前提是彼此尊重，耐心倾听对方的表达，理解对方的感受和立场。沟通能解开心结，也唯有沟通，才能凝聚力量，使家长和孩子共同面对困难、处理问题。

很多孩子上中学后开始写日记，而与孩子沟通逐渐受阻的父母也难免想另辟蹊径，偷听孩子的电话，偷看孩子的日记，甚至偷翻孩子的电脑聊天记录等等。此类事件屡见不鲜，这种让孩子极其反感的行为，并没能帮父母找出真相，或帮父母走进孩子的世界，反而加深了彼此的隔阂，加深了父母与孩子之间的矛盾，因为这让孩子感到自己的尊严被侵犯了，再没有属于自己的安全城堡，更没有了可以畅所欲言的空间。

我记得自己上初中的时候很喜欢写日记，那时还不流行电脑。有一次我发现母亲偷看了我的日记，她从我的日记里捕风捉影，找到我的"早恋"证据，并把我在日记里写的话告诉了父亲，父亲没有说我什么，这让母亲很恼火。知道这件事后，我当然是大闹一场，还一拳把卫生间的玻璃打碎了，手被割伤，鲜血直流，疼痛更加剧了我对母亲的愤怒。其实我并不在乎她看到了什么，我也没写什么见不得人的事，只是她这种偷看的行为太让人接受不了，对13岁的我来说，这简直是赤裸裸的羞辱。上大学之前，因为不想再被母亲偷看，我把写了6年的几大本日记一次性烧毁，母亲却早就忘记了那件事，当然更不可能对我道歉。后来我用了很长时间才真正原谅母亲。

在现实中，并不是所有的亲子冲突都能随时间流逝而顺利化解。父母管教孩子是出于爱和责任，但有时父母过激的行为会引起孩子的反感，而孩子叛逆的心理，在父母眼中极有可能是"孩子学坏了"的信号，这种误解往往让父母的管教更加严厉、专制，进而导致孩子更加厌烦，父母与孩子的关系变得犹如上箭的弓弦一般紧张。与孩子保持良好的关系，让孩子觉得亲密但不会被干涉，对父母来说是极为重要的。这就需要父母和孩子做到以下几点：尊重、沟通、守法和求助。

尊重，是相互的，父母与子女，无论哪一方，都不是完人，父母辛勤养育孩子，为孩子付出了全部的爱，尽最大可能为孩子提供良好的生活环境，他们应该得到孩子的尊重和爱；同样，不管孩子是玩劣还是乖巧，他们都是父母的唯一。孩子自身出现的各种各样的问题，大部分是受周围的环境，包括社会、家庭、文化、学校的影响而形成的。

沟通，是永恒的话题，无论在何年龄阶段，或用语言，或用行动，或者直接沟通，或者间接沟通，不管是何种形式，都要在彼此尊重的前提下，耐心倾听对方的感受和立场。这样家长才能真正了解孩子的心灵世界。唯有沟通能解开心结，也唯有沟通，才能凝聚力量，共同处理困难和问题。

守法，依然是双向的，出于对孩子的关心，父母总希望自己对孩子的事情无所不知，这种想法可以理解，但是私拆孩子的信件是违法的，暴力殴打更是侵犯人权。父母的违法行为还会造成一些孩子如父母一样蔑视法律，蔑视他人权利，用同样的方式对待外面的世界和未来的生活；还有一些孩子会因此留下心灵的阴霾，变得胆怯畏缩，甚至出现交际障碍和身心疾病。孩子要永远记得，处理问题时，法律是不能碰触的底线。如果父母做了坏榜样，要引以为戒，而不应效法，因为他是他，你是你，你该有属于自己的人生。

求助。当家庭遇到内部无法解决的问题时，求助旁人，求助专业人士,求助老师,甚至求助媒体都是值得参考的方式。一个不懂得求助,不愿意求助的人,很容易走进死胡同,很容易陷入孤独、焦虑、抑郁等负面情绪。合理的求助是健康的行为方式,人类的发展也是互相帮助的历程。面对非常难以管教的孩子,父母可以求助教育专家或者孩子信任的人;面对非常固执粗暴的父母,孩子可以求助老师或者信任的、有影响力的亲友。当出现自己难以解决的问题时,不要孤军奋战或铤而走险,那样付出的代价一定格外高昂。

破裂的亲情何去何从

15岁的小娜出生后6个月就被亲生父母送人。后来亲生父母又生了个男孩,将他留在身边养育,他们就住在小娜的邻村。小娜的养父母曾经给她的亲生父母两千元钱,同村的小孩一度都说小娜是"买来的",这让小娜从小就生活得小心翼翼,不想被人问起有关亲生父母的事,但是周围的邻居和同学却总是一次次提起。虽然养父母对小娜很疼爱,并劝她理解亲生父母,不要记恨。但小娜感到非常痛苦,有时候宁愿自己的亲生父母已经死了,而不是因为重男轻女把幼小的自己"抛弃"了。进入青春期的小娜开始有了成人意识,更不愿意自己的私生活被人反复追问,所以在学校她不愿意交朋友,回到家和养父母话也很少,内心反复演练如何去亲生父母家狠狠地羞辱他们,狠狠地责骂他们的无知无情,但每次走到邻村的亲生父母家附近,她都悄悄地边哭边跑开了。她想离开这个地方,但觉得对不起养父母,也觉得就这样"放过"亲生父母不甘心。

小娜的遭遇，并不少见。重男轻女的愚昧思想伤害过许多无辜的女孩，让许多家庭的亲情破裂。很多成年人的心理问题，追根溯源都能在童年受创的经历中找到起点，有些是亲眼目睹过刺激事件，有些是亲身遭遇过身体侵害或心灵伤害。很多时候，童年阴影造成的心理问题会伴随人一生，甚至成为这个人的一部分，再也难以分割。一个人最终的性格、世界观、价值观、心理承受力，乃至思想和行为方式都因此受到影响。有些人反复地、不自觉地回到创伤心境中，甚至重新沉溺在模式化的痛苦里。

如何对待亲生父母与养父母，这让孩子的内心非常矛盾。孩子一方面希望重新找回失去的血缘亲情，一方面又责怪亲生父母当初为什么抛弃自己。同时孩子对养父母是有深厚感情的，不愿意伤害养父母，但又拿捏不好距离远近，太近觉得尴尬，太远又生嫌隙。

曾经有过这样一个案例。一对养父母帮助孩子寻找亲生父母，费尽周折终于如愿，孩子和亲生父母相见相认。养父母说尊重孩子的决定，孩子表示愿意继续和养父母一起生活，但放假的时候去看望亲生父母，两边都是爸妈，孩子很高兴得到双倍的爱，两边的家长也都很欣慰。两边父母没有强迫孩子必须选择哪一边，而本来不幸的身世变出皆大欢喜的结局。这样的事例足以给同类家庭做出榜样，两边父母都要给孩子足够的尊重和爱，真正的爱是希望孩子生活得好，而不是只属于哪一方。

如何帮助小娜这样的孩子？建议如下：

首先，让小娜在养父母的陪伴下去拜访亲生父母，听听他们的解释，让孩子当面倾诉一下这么多年的苦恼，想说就说，想哭就哭，有情绪流露是自然的。如果不能当面倾诉，比如孩子不愿意直接面对，或者亲生父母不愿见面，也可以让孩子写信给亲生父母，先从间接联系开始。如果亲生父母一直不回信，也拒绝见面，那么养父母要给孩子进行心理疏导，并以加倍的耐心和真挚的爱温暖孩子，给孩子提供一个心灵的港湾。长久的压抑苦闷对一个十几岁的孩子来说，太过沉重，为了不把人格压迫得变形，为了缓解痛苦和释放情绪，针对性的交谈可多次进行，时间长短由孩子决定，直到孩子心情不再压抑，有了放松的状态，即可停止。

其次，养父母要帮助孩子化解外界压力。告诉孩子面对别人的追问，可以礼貌而坚决地回答："请不要再问我这样的问题，这是我的私事，和您没有关系。"或者"多谢您的关心，我现在过得很好，请不要再打听了。"也可以干脆地说："您觉得老打听别人的私事有意思吗？"帮孩子学会对环境做出适当的反应，而不是一味躲藏回避。让孩子强化这样的观念："这是我自己的事，我可以独立判断，我可以和亲生父母保持正常来往，至于相互的理解还需要时间。"

再次，养父母要陪孩子多回顾过去共同生活的美好场景，不是亲生却超越了亲生的感情，定能唤起孩子的共鸣。养父母可以再次向孩子敞开心扉，表达爱和关怀，同时帮孩子梳理情绪，不过分苛责亲生父母的行为。孩子和亲生父母，可以经常来往，增进感情，放下憎恨。亲生父母同样是"重男轻女"观念的受害者，假如各方面条件许可，他们也未必愿意放弃亲生女儿。如果亲生父母如今的态度依然淡漠，养父母要告诉孩子，不必纠结于当下，孩子愿意的话可以年节拜访，不愿意的话也可以减少往来，过好自己的生活。

引导孩子把眼光投向未来更广阔的世界、更高远的天地，五年后的热情恋爱，十年后的幸福婚姻。吸取教训，不再让同样的悲剧上演，

失去的欢乐用幸福的生活来弥补，珍惜那些给自己信任的人，给自己帮助的人，给自己爱和温情的人，并回报他们，使生活更加幸福。

2012 年耶鲁女孩回国寻亲的新闻带给我们不同的感受，20 年前被抛弃的女婴被美国家庭收养，如今女孩考上耶鲁大学回国寻找亲生父母。女孩在收养家庭里健康、快乐地长大，如今彬彬有礼、落落大方，没有丝毫的憎恨，只有满满的思念。她用不大熟练的中文，亲笔写下了一份寻人启事："爸爸，妈妈：我非常想念你们，谢谢你们把我带到这个世界上来，希望有一天能拥抱你们……"

最后我想说的是，父母生下孩子就有责任养育孩子，不管是男孩还是女孩，是合法还是超生，是健康还是患病，不要像推卸包袱一样推卸为人父母起码的责任，更不要自私地只考虑自己的得失，而不顾孩子的未来。如果收养了非亲生的孩子，养父母应给予孩子健康、饱满的爱。孩子追问亲生父母的问题时，养父母应积极回应，不回避，不搪塞，打开天窗反而一片光明。养父母的真心疼爱和开明态度，会教育出懂得感恩、坚强乐观的孩子。

别让出走成习惯

小雅上了中学，父亲每周回家一次，星期六中午到家，星期天晚上就走了，所以小雅很珍惜和父亲的相处时间，但父亲回来还要帮妈妈做事情，不忙的时候大家一起吃饭、看电视。父亲更喜欢把上幼儿园的弟弟抱在腿上，小雅满心期待得到父亲的关注疼爱，但过去的几年她逐渐失望了。妈妈性格泼辣，说话着急，脾气火爆，要工作还要做家务，对孩子经常是连打带骂，打的时候劈头盖脸，骂的时候口不择言。弟弟也会偶尔被打骂，但家里的零食、点心都只给弟弟吃。小雅的学习成绩很好，在学校也有朋友，在大家的眼中，她是个聪明活泼、性格开朗的人，但她从不把自己的家庭遭遇告诉别人，也很少带同学回家玩。有一天中午，小雅请同学吃了自己一半的午餐，晚上被妈妈用笤帚狠狠地揍了一顿。当天夜里小雅趁妈妈熟睡逃跑了，没有钱，也没带御寒的衣服。她步行了十多公里，天亮后搭车赶路，来到陌生的城市流浪，晚上睡在公园。后来小雅被一位老奶奶送到附近的派出所，警察送她回了家。

虽然案例中的小雅回家了，但试想如果露宿公园遇到的不是好心的老奶奶，而是坏人的话，可能出现怎样的后果？离家出走的中学生，大多是和父母或老师发生了冲突，有些是一次性的应激事件，有些则是长久以来积聚的不满情绪所致。孩子身体弱小，没有反抗能力，身上没钱，这些都可能被犯罪团伙利用；孩子经验不足，容易上当受骗；在外面风餐露宿，孩子容易感染疾病；女生还有可能被控制卖淫等等。做父母的心惊胆战，离家出走的孩子生死难料，无论是对父母还是对孩子，离家出走都可能造成难以估量的伤害。

孩子为什么会离家出走？因为觉得自己不被父母爱或者理解是主要原因。在学校找不到归属感，经常受到批评、排斥是另一个主要原因。孩子一走了之，天真莽撞，实际上他们还没想到后果，只是想离开自己不喜欢的环境，至于离开之后则走一步算一步。

2012年初冬，新闻报道几个孩子躲在垃圾桶里点火取暖，结果他们一氧化碳中毒死亡，记者在追寻之下发现，这些孩子的生存状况非常差，家庭极其贫困，过早辍学，父母忙于打工，孩子四处流浪又没能及时得到社会救助机构的帮助。如果这些孩子没有外出流浪，如果他们的父母能多给点儿关心，如果遇到他们的人能给些帮助，如果警方能及时立案并大力寻找，这些孩子本该像所有十岁左右的孩子一样，有值得期待的未来。但如果上面这些被逐个否定，最终只能以悲剧收场。

孩子上中学之后，能力比小学时有了很大提高，当然还不足以独立生活，此时家长对孩子的教育方式，也要跟上孩子的成长。

面对这样的问题，父母能怎么办呢？

首先，给孩子更多的关爱。和孩子进行充分的情感交流、情理结合的交谈，不能随意打骂，强迫孩子接受家长的观点。孩子是独立的个人，有基本人权，关禁闭、罚跑、罚跪、罚站、不准吃饭、打骂、精神恐吓都是不可取的。

其次，父母要和孩子沟通，让孩子遇到困难或有心事的时候，能主动寻求帮助，和老师交谈。对父母有意见可以提出来，父母也不是完人，有做得不好的地方也要改正，人际关系都是双向互动的。

再次，家长要知道，对孩子施加暴力可能造成严重的后果，包括对孩子的身体损害和心灵伤害。伤害一旦造成，你为孩子付出再多，花再多的钱，买再多的玩具，彼此的感情也无法回到从前。即使孩子原谅了父母的冲动粗暴，他们的心也会留下疤痕。如果父母有错，父母要坦率地请求孩子谅解。

然后，家长可以给孩子讲一些离家出走的案例——离家出走的孩子或被人欺骗，或被拉入犯罪集团，或遭遇其他不可知的伤害，以此说明未成年人的能力有限，无法自我保护，离家出走很难生存下去。

我上中学的时候班上有个男生，因为学习成绩不好，又被老师批评，所以离家出走了两周，钱花完了就找派出所，被警察送回北京来。当时同学们都觉得他好厉害，但他自己说，真的吃了不少苦，还被人欺负，饿得要死，几乎想翻垃圾桶，最后连身上穿的校服都拿去换包子了。

最后，家长应该鼓励孩子和同学建立深入而广泛的友谊，取得精神上的支持。有烦恼能和同龄朋友倾诉，也能了解别人是如何处理类似问题的。当血缘关系没能给予小雅足够的关注时，亲密的好友就显得弥足珍贵了，友情能给小雅的心灵播洒多一点温情和信任。

另外，家长要和老师沟通，请老师多观察孩子的情绪变化，发现问题及时处理，以信任的口吻和孩子谈心，让孩子得到多一份温暖和关怀，也使孩子在需要的时候能及时向老师求助。

不要让离家出走成为习惯，更不要对摔门而去的孩子大喊："走了就别回来！"出走只是躲避问题，而不是解决问题。父母当然不想让孩子离家出走，那么就不要用极端的方式刺激孩子，更不要动不动就以离家的方式处理家庭冲突，给孩子做坏榜样。每一次出走都意味着危险，也意味着出走的理由在增多，出走的时间在加长，而回归的路也越来越遥远、艰难。

我们可以和孩子做个约定，当双方情绪冲动的时候，其中一方可以回自己的房间，另一方就不可以继续追进去争吵；或者约定其中一方可以离开家去附近的电影院看场电影，另一方在散场的时候去接，然后另找时间再谈。每个家庭处理问题的方式未必相同，但总之可以暂时放下争执，先让双方都平静下来，换个时间再沟通，但前提是不能扩大问题，谁也不能把本来可以协商解决的问题丢在那里，逃避解决。

离异家庭的亲子关系

电影《13棵泡桐》讲述了一群高中生的故事，剧中主角是女生何凤。何凤在父母离异后跟着父亲生活，他们之间缺乏情感交流，于是何凤结交了同班男友陶陶。转学生包京生后来取代陶陶，与何凤恋爱，陶陶转而投靠了女老师和残疾女生伊娃。包京生因为纪律问题被学校开除，他持刀绑架同学，后被警察带走。

高中毕业后，陶陶和伊娃去上了大学，包京生就此消失，富二代阿利子承父业，贫困家庭出身的同学金贵成了阿利的跟班。何凤退学，坐上列车，去看望念警校的同学朱珠。

民政部2010年统计数据显示，中国每年大约有182万对夫妻离婚，平均每天大约5000对。（来源：新浪新闻）

父母离异家庭的孩子，大部分跟随单亲生活，还有的被送到爷爷、奶奶或外公、外婆家，成了有父母的"孤儿"，父母仅仅提供生活费，和孩子缺乏情感联系和心灵依偎。有些父母甚至连生活费也不提供，孩子成了父母离婚的最大受害者。

我们能真切地感受到孩子的喜怒哀乐，那是我们生育抚养的宝贝，是和我们血脉相连的亲人。我们希望给孩子完整的家庭和美好的环境，但有些家庭最终还是解散了。当父母的手不再相牵，当其中一人拎着行李逐渐远去，痛苦的不仅是离婚双方，还有无辜且无能为力的孩子。在孩子的眼中，父母是不可分割的整体，缺少任何一方都是缺憾，这种缺憾是物质享受不能弥补的，也是任何亲密关系都不能替代的。很多孩子自己不能顺利度过父母关系的转折期，而父母也没有求得孩子的理解，甚至匆忙开始了新的感情生活，这让孩子陷入了更深的失落、惶恐、孤独、愤怒之中。失去了幸福感和安全感，有的孩子从此性情大变，早恋、沉迷网络游戏、逃学、打架，做事情不计后果。

很多孩子在家庭破裂后不再和父母交流，转而在同龄人中寻找倾诉对象，他们有时候会下意识地寻找与自己有相似家庭背景的孩子交往，这样就能"平等""有尊严"地站在同一片天空下。相似背景的孩子，更容易理解彼此的处境和内心。当不良情绪干扰了正常学习生活时，孩子的成绩可能会下降，继而孩子在学校被老师批评，在同学中觉得没面子，回家又被家长责怪，很容易导致他们和社会上的闲杂人等密切交往，毕竟他们年龄还小，迫切需要归属感。很多离异家庭的男孩混迹在校门内外，抽烟、喝酒、打架、泡网吧，用外在的强势掩饰内心安全感的缺乏。很多离异家庭的女孩容易早恋，把在家庭中失去的爱和温暖，寄托给不成熟的情感关系，使她们面临更大的伤害。

我工作的学校曾经有个初二年级的女生，在父母离异后跟母亲生活。这个女生脾气很温和，对人很有礼貌，小眼睛，比较胖，当她和同龄女生交往时，总有些自卑，却和学校内外的一些男孩过从甚密，后来被人杀害，抛尸荒野，警方验尸时发现她已经怀孕。虽然这个女生不是我班上的孩子，和我没说过几句话，但我还是为此痛苦了很长时间。我多希望这不是真的，每当想起她的面容我都觉得心情沉痛压抑。一个十二三岁的女孩，人生还没开始就这样陨灭了，假如时间重来，她的父母一定会努力给她多点关心和疼爱吧，而我们这些老师也会多给她一些关注和保护吧。可惜时间不能倒流，这已经是无法挽回的遗憾了。

家庭破碎的孩子在内心期望父母重新在一起，但父母的决定是他们改变不了的。父母生下孩子的时候不必先取得孩子的同意，他们在解散婚姻并离开孩子的时候也一样自作主张，对孩子内心造成的伤害和孩子即将面对的困惑，大人们也没有思考和回答，好像只要让孩子吃饭、穿衣、念书、长大就是负责任了。孩子们不管是否理解父母的决定，都只能被动地面对，被动地接受。

孩子往往不愿意在父母面前过多暴露自己内心的伤痛，他们觉得自己长大了，既然无法帮大人解决问题，至少可以尽量不增加问题。所以他们内心的失落、苦闷、对父母离异的无能为力，宁愿自己消化，或向最亲密的朋友倾诉。

进入青春期的孩子，一方面有许多同龄朋友，一方面正陷入青春期的苦闷孤独之中。他们开始思考生活，审视身边的一切，重新判断过去的价值观。孩子是家庭的花朵，但花朵的根扎在家庭的土壤中。有些离异家庭的父母忽略孩子的心灵渴求，一味提供高额的零用钱、高档手机、电脑、名牌服装和昂贵的礼物，但这些并不能消除孩子对亲情的渴望，孩子需要和父母沟通，有问题时需要父母的回应，有苦恼时需要父母的排解，有喜悦的事需要与父母分享。有些单亲家庭非常贫困，孩子在学校里很自卑，在同学面前很没自信，父母又没有及时鼓励、安慰孩子。有些父母一味瞒着孩子，什么也不和孩子说，经济上的困境不说，父母感情的状况不说，对未来的打算不说，但不是什么都不说就能解决问题的，问题依然在那里。孩子是家庭的一分子，有权知道正在发生什么，有权得到父母的解释，有权发表自己的看法，他们不是像宠物一样被好吃、好喝供养着，就能全无思想地活下去。老师不能像父母那样，他们只能提供指向单一的关怀，没有精力照顾每个孩子的细微变化，孩子的同龄朋友也提供不了建设性意见，孩子面对问题时的孤独困惑可想而知。

为什么离异家庭的孩子更容易进入讲义气的小团体？

因为他们迫切需要找到接纳自己的圈子，需要亲密而稳定的关系，需要有人分担他们的苦闷和困惑，需要在遇到挫折的时候第一时间得到支持。父母的婚姻解体了，孩子的天空倾斜了，小团体是无法替代孩子失去的家庭之爱的，只会增大将不成熟的孩子引入歧途的可能性。解铃还须系铃人，父母导致的问题需要父母出面解决，和孩子面对面地畅谈一番，让孩子明白父母的爱并未因婚姻解体而改变，讲义气的小团体并非如孩子所想的那般美好，它甚至对孩子的成长弊大于益，相信孩子会理解父母的良苦用心，也会选择正确的人生方向。

青春期的孩子还不能正确区分友情和义气，经常混为一谈，这也是孩子进入小团体的原因之一。友情是良性的分享与互动，义气却往往变成不辨是非的共进退，家长要帮助孩子分辨什么是友情，什么是义气，以及讲明冲动地讲义气会造成哪些不可估量的伤害。

友情和义气在青春期阶段常常被混谈，似乎义气是非常重要的事。孩子的很多秘密都和"圈中人"分享，遇到困难也向他们求助。有时候孩子附和别人的意见或行为仅仅是因为面子，至于后果，则在从众的掩护下被忽略了。事实是，高中毕业十年之后再回头看学生时代的义气或友情，人的感受全然不同，因为各自的生活需要各自去承担，各自的问题也终要各自去面对。

当孩子看到别人都有小圈子，自己不想被排斥在外时，他就要建立这样亲密稳定的社交圈，否则他可能会被认为是孤僻，而受欺负，或在受欺负时得不到援助。

心理学研究认为男生倾向用肢体欺负人，女生倾向用语言欺负人，这是受自然身体条件的影响所致，不过现在初高中的一些女生也会采取暴力的方式欺负人，自己动手，或者请男生帮忙。如果说过去是不懂事的男生欺负女生，现在则是懂事的女生也会欺负男生了，同时她们也欺负自己看不顺眼的女生。

这类事件背后都有更深层次的社会因素和心理因素，但毫无疑问与父母的教育和家庭环境有关。当婚姻解体的时候，父母双方要尽量和平分手，理性处理，并向孩子说明父母依然爱孩子。父母不仅仅在经济上有责任养育孩子，更在生活上有义务关心孩子、照顾孩子，以开放、健康的心态看待婚姻变化，帮孩子度过适应期。

离异家庭的孩子需要父母更多的关心，父母应该以平等的姿态和孩子交流，请孩子理解长辈的决定，并承诺像以往一样保持和孩子的关系。父母不但要说到，更要做到，在有可能的情况下，依然可以利用休息日共同活动，吃饭、购物、看电影、逛书店，父母的心态开放些、释然些、放松些，孩子也就逐渐能接受变化了。

再婚家庭如何重建亲情

电影《四百击》讲述的是初中生安托万被母亲和继父抛弃的故事。

法国巴黎的冬天，学校生活无聊乏味，老师简单粗暴。放学之后，安托万回到狭小破败的家，被烦躁的母亲呵斥去买面粉，回来路上遇到下班的继父。晚餐桌上父母例行公事地谈话，母亲边吃饭边抽烟，显然和继父的关系也很淡漠。安托万睡在狭小的过道里。

母亲有外遇，被安托万发现。在父母的争吵中，安托万在过道里装睡。

安托万回到学校，对老师撒谎称母亲去世了，免除了逃学的处罚，但当父母到学校来问安托万昨天逃学的事时，拆穿了他的谎言，安托万被继父抽了耳光。安托万给父母留信后离家出走，雷纳让他住到一个印刷厂里。母亲第二天到学校来找安托万，要他回家，并嘱咐他不要把自己的秘密告诉继父。

安托万的作文是从巴尔扎克的文字中得到的灵感，但老师认为这是剽窃，并且要惩罚他。安托万再次逃走，住到雷纳家。安托万和雷纳偷了继父的打字机想卖钱，因为卖不掉只好送回原处，却被抓个正着。恼怒的继父把安托万送到警察局。在去往少年管教所的汽车上，他看着车窗外冰冷的街道，流下无助的泪水。

少年管教所的管理非常严厉，安托万的继父不来看望，母亲也声称不再接安托万回家。安托万趁集体踢球时钻出铁丝网逃跑了，镜头跟着冬季荒野中奔跑的少年，一直到了海边。

2011年4月30日佛山南海罗村水部村，3岁女童小娟被继母邓某虐打得不省人事，后丢入便池。记者看到被父亲送到医院后的孩子嘴唇高肿，脸上布满清晰的血色掌印，整个背部、两臂都是大片瘀痕。经诊断，孩子轻度颅骨骨折，脑出血，皮肤组织大面积挫伤。（来源：《广州日报》）

据最新统计，中国每天大约有 5000 对夫妻离婚，大部分离异夫妻会选择再婚。再婚家庭有各种组合模式，有的是其中一方带孩子来的，还有的双方带来各自的孩子，也有些是孩子由别人照顾，但是自己依然要尽抚养责任。

再婚家庭中的继父母会忧虑如何和对方带来的孩子和谐相处，而孩子的内心则更加惶恐，有些大点的孩子甚至会带着厌恶情绪看待继父母。

电视剧《家有儿女》的情节表现得很理想化，但依然不失为再婚家庭的父母和子女的好参照。双方都带来自己的孩子，两个或三个孩子在一起，他们又都是未成年人。

首先，再婚家庭的家长对待孩子要态度公正，沟通充分，给予孩子一视同仁的爱。比如零花钱的数额，看电视的时间限制，是否接送上下学，多长时间买一次新衣服，书桌和床铺的大小等都要一视同仁，虽然在大人看来这些是很小的事情，但是孩子们会从细小的环节感觉到爱的差异。如果孩子犯了错，被老师或邻居告状，家长在外面得给孩子尊严，回家听孩子的解释，找出真相，分析问题。这样孩子才敢于把发生的事情说给父母，以求父母的理解和帮助。家长尤其要注意的是不先入为主地偏听偏信，这样会从感情上和孩子拉开距离，增加彼此的不信任，别说教育，就是和谐相处都不可能了。

我曾经教过一个性格很腼腆的学生，很多同学都反映他偷东西，后来我请他有空来找我。他来时我绝口不提偷东西的事，只问他家里的情况和他生活上的困难。结果他说父母离婚了，自己跟着母亲过，母亲收入微薄，他不忍心问母亲要生活费，怕母亲在继父面前为难。可是他又不想在同学面前没面子，所以想辍学打工去。我没有请这个孩子的家长到学校来，只是告诉他，心疼母亲的最好方式是先把学业完成，然后将来孝顺母亲，千万不要因为眼前困境就误入歧途，那样不但毁了自己的一生，也将深深地打击相依为命的母亲。孩子听明白了我的劝告，向我保证起码先把初中念完，此后再也没有拿过同学的东西。

其次，家长要学会"表扬对人，批评对事"。表扬对人，会让孩子们觉得自己是被父母肯定的，是被父母关注和欣赏的。家长持续的爱和关怀会让孩子觉得安全，更容易拉近彼此心灵的距离。批评对事，家长要就事论事，说完就完，不翻旧账，这样孩子会认为被批评是因为事情，而不是自己不被喜欢。比如表扬时可以说："儿子你真棒，你这么聪明，妈妈知道你能做到！""好孩子，跑第五名已经很厉害了，爸爸为你骄傲。"批评时可以说："妈妈知道你不是不讲理的孩子，不会无缘无故和同学打架的，不过就算对方有错，你也有些冲动了吧，什么事不能好好说，非得动拳头呢？妈妈多担心你啊！""爸爸知道别的孩子也有抽烟的，可是别人犯错不等于你就可以跟着犯错，是不是？你还在上中学，正长身体，爸爸有责任提醒你保护好自己。你能理解吗？"

第三，务必做到尊重前任，尊重孩子。继父不能说孩子生父的坏话，继母更不能批评孩子的生母，即便亲生父母确实有做得不好的地方，随着年龄的增长孩子自己会做出判断。如果孩子要把亲生父母的照片放在明显的位置，继父母要给予理解，因为家也是孩子的家；如果孩子还保持着和亲生父母的来往，继父母也要支持，家庭破裂的孩子已经受到了心灵的伤害，亲生父母和继父母都要给予孩子更多的关爱和理解。播下温情与宽容，收获的也将是通情达理、善良有爱的孩子。

假如遇到不甘心的前任，且是搅局型的，也没关系，孩子一天天长大，有明辨是非的能力，只要继父母始终如一真心待孩子，孩子会渐渐倾斜天平。亲生父母和继父母在对孩子的问题上各怀心事，很多亲生父母担心继父母会在财产问题上苛待孩子，其实这些担忧为时尚早。一方面亲生父母在离婚的时候已经进行了合法的财产分配，分配之后的财产各自有权决定如何使用；另一方面让孩子过早关注父母的财产不是好事，反而会助长孩子的贪婪，还不如鼓励孩子好好学习，强健身心，将来开创自己的事业。

第四，再婚家庭夫妻在孩子面前要保持适当距离，不要在孩子面前表现得太过亲密，至少在刚开始的一两年要注意。在孩子心中亲生的父母本来是无可取代的，现在看到自己的父亲或母亲与另一个人特别亲密，孩子会觉得别扭、委屈，为失去的完整家庭而伤心，无形中增强对继父母的敌意。重组家庭的夫妻之间赠送礼物的时候，可尽量避开孩子的视线，或者以自己和孩子的共同名义赠送给对方礼物，这样会起到融洽关系的作用。

我有个朋友离婚多年，带着已经上了高中的女儿再婚，娶了一个年轻单纯的新太太。太太比女儿大不到十岁。家里经常是太太和女儿争宠，然后不欢而散，三个人都不开心。我后来给他建议，让太太学着照顾女儿，拿出长辈的样子，同时多站在女儿那边"声讨"先生，私下里先生可奖励太太的明事理、有分寸；同时告诉女儿，她永远是自己最疼爱的人，但爸爸需要女儿的支持，这样大家才能和谐相处。新妻子和女儿各得其所，女儿和新妈妈从朋友做起，家庭矛盾迎刃而解。

第五，共同帮助孩子释怀过去，接纳现实。孩子无可奈何地被亲生父母中的一个带走，孩子不愿意看到父母分手，不管他们之间是不是还有爱情。在孩子的眼中，父母本来就是一体的，也许他们的性格不同，能力不同，但他们对孩子来说好像左眼和右眼，失去哪个都是缺憾。家长要让孩子明白，即便父母分手了，不住在一起，但对孩子的爱还和过去一样，甚至比过去有增无减。请孩子尝试理解并尊重父母的决定，接受已经发生的事情，多想想如何过好未来的生活，而不是一直为不可挽回的往事纠结。

有时候家长不用说太多，可以带着孩子和继父母外出游玩，也找机会带着孩子和亲生父母外出游玩，当然要去不同的地方，让孩子在不同的组合模式里得到不同的情感体验，告诉孩子这些都可以成为生活常态的一部分，不必以好坏做绝对化区分。当然尤其重要的是继父母要花点心思，外出游玩时多照顾孩子的需要，同时也要让自己开心，大家都开心才能持续地相处下去，长期委屈任何一方都不是好的处理方式。

第六，避免冲突，尝试理解。在重组家庭中，孩子面对的也许不仅仅是继父母，可能还有另一个陌生的孩子，家长要创造机会让孩子们从陌生到熟悉，逐渐互相信任，分享快乐。同样进入重组家庭，两边的孩子一样惶恐无助，也一样经历了家庭的变故，尝试和对方做朋友，比冷漠敌对好。家长要帮孩子适应继父母的存在，协调他们的关系，尽量避免冲突，使他们不用尖锐的态度彼此伤害。孩子对继父母也要尊重，而继父母也得敞开心扉待孩子。大家组合在一起是为了幸福地生活，而不是为了互相伤害。

重组家庭的孩子完全能成为好朋友。我曾经教过的一对姐弟就是来自重组家庭，开始时我以为他们是亲生姐弟，因为他们每天中午一

起吃饭，有说有笑，可是看外貌又不像双胞胎。别的老师告诉我，带着儿子的父亲娶了带着女儿的母亲，两个孩子刚巧一样大，所以一起上学。我已经记不得这两个孩子的父母是什么样子，但我相信能让孩子们如此亲密友好地在一起学习生活，作为父母的他们，一定是善良而公正的人。我曾问过两个孩子是怎么看待对方的，弟弟说："姐姐很疼我，老怕我吃不好，打一份菜把肉片都拨给我吃了。"姐姐说："我那是怕胖，让弟弟多吃点，好让他放学帮我背书包。"孩子说的话让我很感动，希望他们能永远这样互相关爱。

最后，家长要鼓励孩子珍惜所拥有的，好好生活。鼓励孩子该学习的时候学习，该锻炼的时候锻炼，看电影、听音乐、阅读书籍、结识朋友，使生活丰富多彩。生活的海洋辽阔无边，家庭以外还有广大的世界。告诉孩子虽然父母的婚姻不美满，但这不能阻碍孩子将来拥有美好的爱情和幸福的婚姻。成长的路上难免有痛苦，痛苦也是一种馈赠，不要做会让人后悔一生的决定，也不必怨天尤人。如罗曼·罗兰所说："痛苦一面割破人的心，一面掘出新的生命的水源。"

教孩子接纳成长，承担责任

电影《铁皮鼓》讲述的是拒绝长大的小男孩奥斯卡的故事。

奥斯卡三岁生日的时候得到母亲的礼物——一个铁皮鼓。他发现了母亲和舅舅暧昧的关系。奥斯卡不愿意自己长大加入到大人的行列，他走到楼梯的最高处故意摔下，这竟使他梦想成真了，他真的从此不再长大。

父亲成为狂热的纳粹分子。母亲再次怀孕却无法确定谁是孩子的父亲，她拼命吃下生鱼，结果撑死了。母亲死后，在种族冲突中舅舅也死了。奥斯卡对新来的女仆玛利亚有好感。玛利亚嫁给父亲，成了奥斯卡的继母，并生下了一个男孩。1945年苏联占领了家乡，父亲因为吞下纳粹徽章而窒息，还被苏联士兵补了几枪，奥斯卡在父亲的葬礼上埋葬了铁皮鼓，这时他已经是23岁的青年了。弟弟不小心用石头打中了奥斯卡的头部，从此奥斯卡恢复生长，回到成人世界。

2011年4月1日晚，上海浦东国际机场，赴日留学5年的23岁青年汪某，对前来接机的母亲顾某连刺9刀，致其当场昏迷。事后，汪某被警方刑拘，顾某8日才从特护病房转入普通病房。对于行凶原因，汪某称，母亲表示不会再给他钱。据亲属介绍，汪某留学日本5年从不打工，所有费用都靠母亲每月7000元的工资来支付。为了儿子，母亲顾某曾多次向朋友借钱。这次，顾某可能真的凑不到钱。顾某的妹夫接受采访时说，平时顾某对儿子很呵护，亲属们没想到会发生这种事。（来源：搜狐资讯）

接纳成长，心理断乳早完成。

没有人能真正让自己停留在某个年龄，可是许多成年人心中还是会存有期待，假如可以永远做小孩子该多好，和可爱的玩具相伴，就不必过上无聊和重压的生活。

心理学认为有时候有些人让自己的心理年龄停留在了某个阶段，因为那个时期有事情发生，人未能及时调整心态和眼光，身体不得不成长加入社会生活，而心灵的一部分却永远留在出了问题的路口。

比如在孩子七八岁时母亲离家，或者死亡，或者父母离婚，孩子

没能理解当时的这个事情，父亲也并未和孩子充分沟通解释，这可能让孩子在长大后也一直如七八岁般任性，不能面对正常的恋爱关系，甚至在恋爱关系破裂时用极端方式阻止对方分手，可见心理阴影的影响之深远。

也有些孩子并没有遭遇重大的伤害，是父母表达爱的方式没有变化，父母对待 16 岁的孩子如同 6 岁孩子一样，疼爱，关心吃饭、穿衣，帮助选择专业，审察朋友来往，结果养成孩子推卸责任，过度依靠父母的习惯，不能面对挫折，更不知道如何走向未来的生活。

心理断乳期是指青春期到青年初期这一年龄阶段，是孩子从幼稚走向成熟的转折时期。具体在哪个年龄，根据个人的性格特征和成长经历，有所差别。

这个时期的出现是正常且必然的，是每个人都要面临和经历的重要阶段。在此过程中，个体从心理上逐渐形成独立的自我，减少对父母的心理依赖，从而真正开始关注自我与世界的关系，这个时期也非常需要家长的支持和鼓励。因为孩子会有摇摆、犹豫、忐忑、困惑的时候，父母的积极态度能帮助孩子顺利度过这一迷茫时期，而父母的忽略、溺爱或粗暴干涉，则可能造成心理断乳异常，使得孩子生理年龄增长，心理上依然严重依赖父母，缺乏独立精神，没能形成健康、完整的自我。

留守儿童问题是比较严重的社会问题，家长常年在外打工，留守儿童和爷爷奶奶共同生活，白天在学校，回家就吃饭、睡觉。严格来说，直到高中毕业之前，孩子都非常需要父母的关心和指导，需要父母支持自己，欣赏自己的成绩。匆忙的父母在一年中只有有限的几天和孩子见面，孩子的心灵世界在更多的时间里冷漠、孤寂，孩子越小，伤害越大，过早的心理断乳剥夺了孩子的幸福感与安全感，容易让孩子变得自卑、冷漠。

在大城市情况正相反，有些孩子因为父母过度的保护和溺爱变得自私，缺乏责任感，认为父母的付出理所当然、别人的辛苦活该认命。他们无从面对学习困难和人际交往困难，对未来的学业、工作和生活全无打算，不珍惜时间，过一天算一天。

父母的保护和物质财富并不能保证一个人一生的幸福感和成就感，况且真正发自内心打算一辈子吃父母的人还是少数，在青春期结束之前，孩子要自己有意识地心理断乳，遇事不冲动，三思而后行。

很难想象一个缺乏责任感和担当能力的人，如何拥有理想的爱情和婚姻，如何成为让子女骄傲、钦佩的家长，如何走上发挥才能的工作岗位，如何在风雨困境中指挥若定。

在山东省莒南县大店镇，一个叫刘洪周的12岁小男孩辍学在家。他51岁的父亲因为车祸瘫痪在床无法自理，必须由孩子来照顾。小洪周的母亲9年前抛下父子俩离家出走，至今未归，刘大哥的一切饮食起居和所有的家务，都只能由小洪周来承担，烧水做饭、喂水喂饭、帮父亲翻身、换被褥等等。孩子毕竟是孩子，他的生活过得很苦很累，他还是想回学校上学，梦想着上月球看一看。（来源：山东广播电视台齐鲁频道）

承担责任，责任感是人格成熟的标志。

如今大部分家庭都是独生子女，因为身处"四二一"家庭模式的核心位置，祖父母、外祖父母和父母对孩子的爱是加倍的，孩子们从

小得到了全方位的关心爱护。有些家庭过分溺爱，孩子骄横跋扈，以自我为中心，稍不如意就大发雷霆，甚至对长辈恶言相向，成年后发展为拳脚相加。

孩子在很小的时候视劳动如游戏，父母需要让孩子参与力所能及的工作，如扫地、倒垃圾、帮父母拎包、洗自己的袜子、擦玻璃、摘菜等等，在劳动中孩子有价值感，觉得自己能帮大人的忙，会很自豪。进而他们会体会劳动的乐趣和成就感，也理解父母的辛苦，感谢父母的付出。

如果一味娇惯，孩子习惯了索取，别人不满足自己就不依不饶，久而久之不但孩子的道德养成失败，孩子也会形成严重的心理问题，不懂得面对生活的挫折，总觉得不快乐、不满意。让孩子从小有责任感，才能使他们成为一个对家庭、对事业负责任的人。

比较那些生活得不幸，不得不放弃学习机会而承担家庭重担的孩子，大部分中学生的生活所缺的正是责任教育。

在学校里，如果老师能给惹是生非的孩子一点表现的机会，让他们为班集体、为他人做点事情，这些孩子的荣誉感和责任感会被大大唤醒，他们会把调皮捣蛋的精力转移到帮助他人的乐趣上。也许这些孩子不能在成绩上突飞猛进，但至少他们懂得了如何做一个有责任心的人，做一个能给别人带来帮助的有价值的人。

这种说教让家长和学生读来枯燥乏味，讲道理的部分跟生活相联系才有感染力。

在孩子们的心中种下善良，收获的也是善良和美好；在孩子的心中种下自私，收获的也是自私和攫取。为了孩子们的未来，家长要让他们懂得责任，懂得付出，懂得善意。

陪孩子走出阴霾，活在当下

电影《心灵捕手》讲述的是心理学教授尚恩，帮助天才少年威尔走出童年心灵阴影的故事。

威尔在麻省理工学院做清洁工，他聪明非凡，口才卓越，博览群书，知识丰富。但是因为童年的创伤，威尔不肯打开心门，他用叛逆不羁来掩饰内心，和哥们儿喝酒、戏耍度日。

有一次他悄悄在楼道的答题板上解出了难倒众多高材生的数学题，令数学系教授蓝勃和所有学生都惊讶万分，但众人都不知是谁解答了难题，直到威尔再次偷偷解答更难的题时被蓝勃发现。

在哈佛大学酒吧，威尔赢得了哈佛美女史凯兰的芳心，开始恋爱。后来威尔因为无法战胜自己而拒绝了史凯兰一起去加利福尼亚州的建议。威尔打架被送到少年管护所，蓝勃教授去保释他，但提了两个要求，一是邀威尔一起研究数学，一是让威尔每周接受一次心理治疗。

蓝勃教授请来心理学教授尚恩帮忙。尚恩认为应帮助威尔走出心灵阴影，然后让他自己做出人生的选择，而不是像蓝勃教授希望的那样——威尔利用数学获取功名。尚恩在治疗过程中逐渐打开威尔的心灵大门，让温暖的阳光和信任的甘泉，滋润这个孤独桀骜的少年，威尔走出阴霾，去重新追求史凯兰，并前往研究机构工作。尚恩在治疗威尔的过程中也走出丧妻之痛，开始新生活。

2011年3月29日，新闻报道重庆开县临江镇洪星村7组10岁的小航，被母亲孙华菊虐待，脚被剜窟窿，两个脚指甲被戳掉，母亲称

打残养，打死抵命。小航1岁后被交给爷爷奶奶抚养，孙华菊和丈夫远赴郑州打工，小航5岁时才被接回家上学。结果孙华菊发现孩子不听话、爱逃学，还拿别人东西。"不该生下他就出去打工。"孙华菊后悔把孩子丢在公公家。她说，现在学校建议让小航休学，多参加劳动，让他吃点苦头可能就爱学习了。结果邻居们认为孙华菊夫妇偏心，对小儿子小杰好，苦了小航。"不管别人怎么看，自己的孩子自己管教，该打还得打。"（来源:《重庆晚报》）

现今，对成人的法制教育和教育方法引导已经迫在眉睫，像孙华菊这种以爱和管教的名义来毒害未成年人的行为必须制止，并且施暴者应受到法律制裁。

这是在众人眼前一闪而过的新闻，却是一个孩子永远无法忘记的悲惨经历。有些孩子经历的是另一些不幸，回想我们自己的成长经历中也可能有过这样或那样的伤痛痕迹。

青少年违法、犯罪，多多少少会和这些孩子的过去有关，如原生家庭、成长经历的影响等。很多孩子在没有反抗能力的年纪受到过体罚，这样的残酷经历能追随他们许多年，甚至一生。就像电影《心灵捕手》里的天才少年威尔，幼年遭受家庭暴力，导致其成年后偏激、退缩的行为方式，如果不是遇到一个好的心理老师，数学天才也不过就是混迹大学的淘气清洁工。

有些父母并未直接打孩子，但是争吵中夹杂着威胁和愤怒:"要不是为了孩子，我早和你离婚了。"这样的言论会让孩子觉得是自己的存在让父母不开心，因此变得敏感、内向、自卑、叛逆，进而父母和孩子的关系变得冷漠、僵硬、不融洽。这些家长明明已经对孩子承

担了养育的责任，也付出了一定的爱和关心，却和孩子的心灵距离越来越遥远。

对孩子来说，生活不总是完美的。父母不但要给孩子物质生活和心灵关怀，也要教他们如何去看待缺憾——把已经发生的、无法逃避的不幸当成人生的磨砺，这样会发现更棒的自己，使自己依然有勇气、有信心去追求理想的世界。

为人父母的我们，更不能以爱和管教的名义直接对孩子造成伤害。

我们在工作或生活中会有很多不如意，出于成熟、理性这些不如意被压抑下来，但人总会寻求突破口，而这时孩子就成了一些家长无意中的发泄对象，特别是当孩子的表现不尽如人意的时候，家长似乎就能借着管教的机会理所当然地斥责打骂他们。然而这对孩子是不公平的，也不能真正解决自己或孩子的问题。一个真正内心强大的人会懂得保护自己最珍爱的东西，比如亲情、爱情、友情；一个成熟睿智的人也会努力把控情绪，不让怒火烧毁自己的心灵财富，把生活中的挫败控制在杀伤力最小的范围之内。

新闻曾报道一位父亲常年不上班，专职照顾孩子的学习和生活，带着孩子到处参加电视节目，并且不停地在节目中诉说自己对孩子的付出，完全将孩子和自己捆绑在一起，孩子的成功就是自己的成功，孩子的失败就是自己的失败，却没想过这给孩子带来多么大的压力，孩子整个的人生都成了父亲的赌注。父亲自己没有事业、没有朋友，这种过分紧密的捆绑，绑架了孩子的自由和快乐，孩子成了可怜的附庸。

有些家长生活不如意或情感不顺利，转而把怨气撒在孩子身上，动辄打骂体罚；有的家长片面强调"严是爱，松是害"，结果把孩子

打成急性肾衰，甚至死亡。这样的管教是犯罪，是虐待，是自私冷酷。

家长不要以爱和管教的名义摧残孩子，如果孩子遭遇了不幸，父母有责任帮孩子走出困境，重燃希望。如果伤害已经是遥远的过去，那么唯有鼓励孩子走出阴霾，珍惜生活。至少，这是放过自己，不再让自己反复受折磨。如果孩子正在遭受不公待遇，要让孩子懂得寻求保护和帮助，不要任凭伤害继续。

2012年12月23日晚11点左右，学校熄灯以后，小海（化名）等人来到了小雪（化名）的宿舍，强行夺走了小雪的手机，随后扒光了她的衣服，用皮带、拖把杆等物抽打其背部，一直打到24日凌晨3点，行凶者是4个女生，其间还有几个同学在拍照、围观。（来源：大众网）

这是一个真实的新闻案例，我们无法想象当时被凌虐的女生遭受着怎样的痛苦，也无法得知那些凌虐同学的女生为何如此残忍，但我们一定不希望自己的孩子是其中任何一方的一员。

在班级、宿舍、学校里，要让孩子懂得如何与他人正常交往。遇到纠纷尽量在安全的公开场合，以平和、理智的方式处理，一味逞强和一味妥协都不是上策。

有些不快，短时间内无法解决，要让孩子知道至少要找机会与人倾诉或者对枕头挥拳发泄，释放委屈。不要伤害自己，更不要伤害别人，因为破坏本身是没有任何意义的。比如孩子在班里有长期不太友好的同学，说不出什么原因就是互相看不顺眼，家长要劝慰孩子："这是难免的，就是将来走向社会、参加工作，也未必能和所有人都相处愉快。"与不同性格、不同行为方式的人相处是一门修行课，学校里出现这样的情况可算是提前演练。

面对外来的负面评价，要让孩子分清哪些确实是自己的错误，能进行怎样的改正；哪些不过是别人的误解、妒忌、诬蔑，听而不闻就是了。教孩子做出改变并肯定自己的微小进步，让他们不断肯定自己是正直、勇敢的人，真诚、善良的人，勤奋、努力的人。肯定自己的同时，也肯定别人对自己的善意。帮孩子选一些名人传记、励志歌曲，鼓励孩子成长为成熟、独立、脚踏实地的人。

我采访过一个患有先天性疾病，终身不能站立的女孩，她成长在单亲家庭，和母亲相依为命，她们经历了太多难以想象的艰辛苦痛。可是每次我见到这个女孩，她都像盛放的太阳花般灿烂明媚，轻松、快乐地开玩笑，相信爱情、追求爱情。同时她也取得了震惊世界的艺术成就，被多国首脑政要接见，在国际音乐舞台上多次荣获赞誉。世人多看见她风光无限，我却曾在医院看见她挂着吊瓶命悬一线，曾看见她炼狱般的物理治疗和体能锻炼。

这个姑娘终身不能站立，不能行走，可是阴霾早就被她消灭得无影无踪。她每一天都活在当下，看书、学电脑、唱歌、学外语、交朋友、旅行，她的生活比大多数同龄人的生活更加丰富多彩。这和她自己的努力分不开，但也得益于她那位坚韧乐观的好妈妈。

她的妈妈在得知孩子重病难治的情况下，从未放弃希望。离婚后带着孩子辗转全国各地看病求医，给孩子进行锻炼和物理治疗，同时坚持给孩子在家上课。一个体重80斤的柔弱母亲，每天打三份工，给孩子看病前后花去几十万。即便被医生断言病治不好，母亲依然要让孩子充实快乐地度过每一天。她把孩子送到德国参加歌唱大赛，结果一举获奖，母亲自己也几经沉浮有了自己的成功事业。

她们是我永远尊重和珍视的朋友：母亲钟丽君，女儿张佳欢。

　　走出阴霾，活在当下：如果伤害已经是遥远的过去，那么唯有鼓励自己走出阴霾，珍惜生活。如同电影《心灵捕手》里说的那句：那不是你的错。

　　走出阴霾，活在当下，就能赢得未来，战胜恐惧，活出最棒的人生。

第二章

在日常生活中塑造孩子的价值观

所有的父母都爱自己的孩子，都想尽量提供给孩子最好的一切。孩子上了中学，很快进入青春期，不再是过去那个在父母腿边一直问个不停的小鬼了。我们希望孩子健康快乐，喜欢学习并取得好成绩，同时我们也希望和孩子依然保持亲密信任的关系。是的，这对我们对孩子都很重要，但事情是在变化当中的，我们也要和孩子一起面对变化。他们会越来越自立、自尊，有自己的梦想，有自己的朋友圈子，我们站在一边支持就好。

当孩子适应不良或者暂时陷入心理困境的时候，需要我们及时拉一把，拍拍肩，教导孩子该如何面对问题，如何调整心态，如何解决问题。陪孩子走过中学六年，对每个家庭、每对父母来说都很重要，本章以一些身边案例、新闻报道和经典青少年电影为引导，分析了一些价值观上的困惑以及应对方式，协助家长深入了解问题，帮助孩子走过健康、快乐、充实而关键的中学六年。

富二代的少爷病

小冬正上初中二年级，父亲经营企业，母亲专职照顾小冬的生活。本来父母是想把他送到私立学校，但小冬不愿去，因为他最好的朋友小郑在普通中学就读。在普通中学，穿名牌衣服、有豪车接送、每年出国旅游太拉风了。小冬的学习成绩一塌糊涂，在学校里带了一帮小弟，整天请大家吃喝玩乐，作业让小郑帮忙做，值日有小弟代劳。他喜欢哪个女生就花钱送礼物，还调侃地问班主任老师为什么不开车上班而是坐公交。班主任约谈了小冬的家长，了解到小冬是家中独子，从出生就备受宠爱，要星星不给月亮，父亲长年忙于生意，和孩子的交流很少。小冬的母亲，也只知道给孩子提供优越的物质条件，请了很多家庭教师补课却都被小冬耍得团团转。商议之下他们想两年后送孩子出国念书，但对孩子目前在学校的不良表现则无可奈何。小冬自己也听说了父母的安排，更加无所顾忌。小冬在学校也有苦恼，那就是好友小郑和自己之间的关系逐渐疏远，自己也从没得到过老师的表扬，有些同学还在背后叫他"衙内少爷"，就连他喜欢的女生也好似只为钱才理自己。小冬甚至不敢想象万一父亲破产，自己怎么办。

小冬的问题其实不仅仅是个人问题，对金钱的挥霍无度来自家长的溺爱纵容；对学习的消极逆反，来自家长的不以为意；对同学关系本该有的平等、帮助、分享，变成了利用、买卖、控制，这和家庭环境中的人格教育缺失有直接关系。

最近听说一对富豪好友，甲富豪的儿子逐渐接管父亲的商业王国，并理所当然地享受财富，也顺便继承了父亲的毒瘾和权力；乙富豪的儿子只要了第一年的生活费就只身出国求学，然后半工半读取得了硕士学位，声明永远不参与父亲的生意。是否接管财富和权力另当别论，恐怕没有哪个富豪不希望自己的孩子有独立生活的能力，但有些孩子含着金汤匙就不会用筷子了，这全是孩子的错吗？显然作为家长却没

有给孩子传递正确的价值，在孩子的错误上他们负有更大的责任。

把阳光下的财富和事业交给孩子继承，没问题，但是很多富二代失去了继承的能力。父辈辛苦创业打拼是为了给孩子更好的生活环境，却忽略了对孩子来说，更重要的是理解生活、适应生活的能力，特别是一些基本的价值观，这将影响孩子一生。父辈当年创业品尽世事艰辛，因此想给孩子提供尽可能好的生活环境。爱子之心并没有错，但在锦衣玉食的环境中，如果家长再不有意识地培养孩子的独立精神和坚韧品格，很可能让孩子走上歧路，到头来竹篮打水一场空。

这类案例的处理需要家庭和学校的配合。

控制小冬的零用钱数量，要求记账并合理规划使用，约定消费内容所占比例，如果违反约定就减额，直到符合约定一段时间之后再增加到适当标准。有些家长愁眉苦脸地说："不给不行呀，不给他就绝食，抗议，罢课。"其实就是因为孩子知道采用这些手段能迫使父母妥协，所以才逼得父母一再退让。如果家长能说明规则并坚决执行，孩子也会理解父母的用心良苦，并接受约定的条件。放心，他不会绝食到奄奄一息；抗议是他的权利，但不接受抗议也是你的权利；至于罢课，罢课一天扣除一周零用钱，数学再不好的孩子也能算出损失大小。

让小冬从各门功课中选择出自己比较有兴趣的科目，提高成绩相对容易的科目，请同学帮助学习，改善学习方法，提高学习效率。对所取得的进步，老师要给予及时的表扬和鼓励；不但能提高成绩，增强自信，还能收获友情，懂得感谢别人的付出。需要说明的是，有些家长倾向于花大价钱请名师当家教，关心孩子的心情可以理解，但此举对孩子是有精神压力的，花了高昂的代价还是提高不了成绩，那多对不起父母，自己也觉得惭愧。而且，有些孩子会形成依赖心理：反正有家教老师辅导，那么在学校就不用太认真听讲，上课睡觉也没关系。父母要多肯定孩子的长项，不要说"地理好有什么用？又不是主科，长大了去挖矿啊？"而要说"你的地理知识真丰富，比妈妈厉害，以后出去旅行就全靠你指点路线了。其实历史和地理不分家，如果历史、地理、语文、外语这几科结合起来，你将来很可能是走遍世界的摄影家或旅行家呀。"你相信孩子，鼓励孩子，孩子就更容易接受你的建议。

父母除了给孩子提供物质生活条件，还要经常在思想和心灵上进行沟通，给孩子正确的建议和价值观。让孩子理解学好本领，才能拥有属于自己的事业，即使在自家企业，也需要真才实学。我个人建议，让孩子在不影响学习的前提下，可以适当了解父母的工作领域，在周末或寒暑假参与实践，让孩子知道财富来之不易，同时还能够开阔视野，了解生活的不同侧面。年少的时候多一些经历，孩子会更多地主动思考生活的意义，主动思考多了，父母再稍加引导，教育效果定会事半功倍。

学校和家庭要给小冬创造条件，为别人做点事情。不能一直索取而不懂得付出。为别人做点事情，让小冬收获价值感，觉得自己是个有用的人，而不是吃喝玩乐的"寄生虫"。有心的父母可以带孩子去老人院、孤儿院定期帮忙，一方面是给孩子善良的人性温情；另一方面是让孩子懂得珍视自己所拥有的幸福。没有比较就没有鉴别，有了比较孩子看问题更全面。有的孩子回家向父母不断地提出物质要求，今天要 iPhone 手机，明天要 Gucci 包包，要求层出不穷。有的家庭承受不起，和孩子发生激烈冲突，有的家庭能够承受，却纵容了孩子虚荣攀比和不劳而获的心理。让孩子懂得为别人做点事，收获成就感和自我价值感，比挥霍金钱、满足欲望更有意义。

让小冬和山区孩子结对子，每年寒假、暑假去山区生活一段时间，理解勤劳耕作的辛苦和生活艰辛的一面，也在帮助山区孩子的过程中，明白金钱是为人服务的，而不是让人沦为欲望的俘虏的。湖南卫视有个节目叫《变形计》，内容是安排不同生活环境、成长经历的孩子，进行互换人生体验，很有探索意义。让孩子亲身去体验另一种生活方式，也会引发孩子的思考，让他们印象深刻，反思利弊。很多父母会带孩子去著名景区旅游，这是开阔眼界的好事，但也要随时观察那些穿梭于景区内捡饮料瓶子的人，那些流动小贩，那些衣着破旧乞求帮助的人。这是观察生活，参与生活，对他人心怀悲悯，增强责任感和同理心。

从心理调整的阶段性来看，小冬可以通过一系列步骤调整自己。

近期之内让小冬在班级中重新定位自己，找到归属感，团结更多的人，多结交不同家庭环境的朋友，关心他人的感受，得到在这个年龄正常的、平等的友谊，懂得去争取荣誉，懂得尊重别人。一旦形成良性的人际关系互动，孩子会受益一生。

从中长期来看，先提高部分学科的学习成绩，增强自信，再逐步解决弱项科目的成绩提高问题。让孩子了解父母的收入来源，参与家务劳动，甚至可以尝试让孩子来分配家庭收入支出，让孩子知道金钱来之不易，培养孩子理性看待父母给予的物质生活条件的价值观，从而改正虚荣炫耀，逃避劳动，拉帮结伙，戏弄师长等不良习惯。让孩子有所追求，对自己有所肯定；树立正确的人生观、价值观和是非观，他的内心会更踏实、更有安全感，也会更加自信和自觉。

小冬的问题发现较早，如果纵容下去则有各种可能，漠视生命、挥霍败家、逃避责任，甚至违法犯罪，金钱的作用其实比我们想象的有限得多，特别对一个价值观还不成形的孩子来说。有些家长认为自己有钱一切摆得平，也无形中把这种观念传递给了孩子。孩子的能量超出父母的想象，那么多"炫父坑爹"的，结伙斗殴的，"我爸是李刚"的，甚至把父亲推上风口浪尖，这些真的都是能用钱"摆平"的吗？这种"摆平"是蔑视他人的权利，蔑视公共道德，蔑视公序良俗，那么收获一个败家子也就不意外了。况且，在一个法制逐渐完善，公民权利意识和道德水准不断提高的社会，用钱"摆平"别人的尊严和权利也是行不通的。

女生有偿陪伴

小倪已经 16 岁了，父母都是普通的上班族。每次开家长会，很多家长都是开车来的，小倪的妈妈总是搭公车到附近，然后步行来学校。当被同学问起家里是否有车的时候，小倪撒谎说爸爸有车，但是很忙碌。后来有一次爸爸路过学校，进来送点东西给小倪，离开的时候从教学楼上可以看到父亲是步行离开学校，然后在校门外拦出租车走的。小倪被同学们议论说谎，她辩解说父亲的车去维修保养了。她觉得一定要像那些有钱人家的孩子一样穿上名牌，才能"挽回名誉"。

小倪在网上认识了一些成年男子，通过网络聊天试探对方对有偿陪伴的观点，当遇到对方暗示的时候，就主动提出愿意陪伴，但是希望得到礼物。就这样小倪同时和几个成年男人往来，有的只是一起唱歌游玩，有的发生了性关系，得到了名牌手机和现金回报。

开始的时候，小倪很害怕，担心感染性病，也担心被父母或学校知道就完蛋了。但是后来她学会了使用安全工具，也小心地不告诉交往的人自己在哪所学校，约会都去距离家和学校比较远的地方，渐渐地胆子大了起来。小倪因为出手阔绰而觉得在同学中很有面子，当父母问哪来的手机和衣服时，则回答是向同学借的。在学校里，小倪有个要好的男生朋友，她不想让对方觉得自己是放纵的女生，男生家境一般，小倪经常给男生买午餐、买衣服。

后来小倪被一个成年男人录像勒索，不但受控于人经常提供免费陪伴，还要每周交钱给对方，否则对方就会把录像放到网络上。小倪最后不堪精神压力，不得不告诉了母亲，母亲立刻报警。小倪也因此受到母亲的严厉批评，父亲则以疏远和冷漠对待，小倪觉得自己失去了父亲的爱和母亲的信任，但是再怎么后悔也回不到从前了。一直交往的男生听到些风声，退还了小倪送的手机，提出分手。小倪问自己到底是不是坏女孩，出卖自己的行为是不是可耻的。回想起陪伴过相貌丑陋的人，小倪觉得恶心不已，有些人的要求很变态，但为了钱自己又不得不忍耐，可是她又对几个交往过的对象心存想念，怀念被重视的感觉。

有偿陪伴是为了钱，但又不完全是为了钱，在和那些人的交往过程中，小倪感到了被需要、被赞美的满足。

对未成年的性保护是全球关注的焦点问题，近年来有很多讨论也在引起更多家长的深思。充耳不闻、视而不见并不能真的屏蔽这些问题对孩子的冲击和影响，即使家长不说，孩子们在学校里也会和同龄人悄悄议论。虽然在成人世界里，对有偿性行为呈现了多元化的价值观，但对心智未成熟的未成年人来说，显然保护他们的安全和权益才是第一位的。

根据《最高人民法院关于行为人不明知是不满十四周岁的幼女，双方自愿发生性关系是否构成强奸罪问题的批复》的规定：行为人明知是不满十四周岁的幼女而与其发生性关系，不论幼女是否自愿，均应依照刑法第二百三十六条第二款的规定，以强奸罪定罪处罚。

家长有必要把相关法律条款解释给孩子，对女孩来说要懂得尊重和保护自己；对男孩来说要懂得不触犯法律，也不给他人带来伤害。

现在的孩子接触面比家长们当年上中学的时候广泛得多，比如电影《头文字D》里，拓海发现女朋友做援助交际，所以两人分手。现在这种情况不仅仅在日本或中国港台地区有，在中国大陆也有扩大的趋势。有些家长不好意思和孩子谈这些话题，但回避并不能屏蔽掉问题的存在。也有些家长觉得自己的孩子不会做这个，理由是家教比较严、家里给的零花钱很多，或者孩子每天回家都很准时等等，其实这些理由并不能保证孩子的行为边界。有些女生做有偿陪伴不是为了钱，而是为了心理上的归属感、安全感、存在感；或者尽管零花钱很多，但依然觉得不够买名牌包、名牌化妆品。有的会逃课外出，对老师谎称不舒服或家里有事，造成准时放学回家的假象欺骗家长。就像案例中的小倪，要不是最后被人勒索，很可能对家长一直隐瞒下去，而家长完全被蒙在鼓里。

所以在孩子进入青春期之前，父母要潜移默化地传递正向价值观。特别是上中学之后，孩子会和同龄人攀比，家长应告诉孩子"每个人的机遇不同，资源不同，努力方向不同，追求目标不同，那么经济条件也有差异，这很正常。人可以追求财富，但凭借自己的知识和智力，付出辛勤和努力，赢得的将不仅仅是财富，还有自信和自尊。"需要我们家

长特别注意的是，如果发现有这样的事情发生在自己孩子身上，切勿冲动之下打骂、羞辱孩子，更不要用难听的词汇给孩子贴标签。孩子在走错路的时候，需要父母的关怀引导，而不是等父母上去狠踢一脚。

青春期性教育，要从性法律、性道德、性心理、性生理、性医学等多种角度进行。有偿陪伴不仅仅是违法行为，也违背基本道德，更有可能感染性病、怀孕，造成身体伤害和精神伤害。从法律角度来说，有偿陪伴等同卖淫，目前在中国还是违法行为。这些直接或间接的伤害都不是未成年女孩能承受的，所受到的身体损伤和精神伤害，甚至会导致成年后性心理障碍。如今孩子接触的信息驳杂分散，有些医疗机构随意打出"无痛人流"的广告，使得学生轻信人流不算什么大事，有的女生做了人流后落下后遗症，丧失生育能力，这些都是妈妈在女儿青春期来临时要向她说明的内容。

安全问题的提示。有偿陪伴是变相的性交易。因为不被法律允许，所以交易方往往由此引发更多的问题，比如艾滋病、威胁勒索、变态性侵，甚至威胁生命。家长可以在聊天当中似乎无意地说起某些例子，防患于未然，起码让孩子知道，单独和陌生人相处可能存在危险。

家长要帮孩子正确处理同学中的虚荣攀比，以平常心对待，并坚持做正确的选择。有些父母习惯用老眼光看孩子，教育孩子的时候脱口而出"什么名牌？我小时候一年也没有两件新衣服，现在的孩子真不像话，每个月买新衣服不算，还要名牌，简直无法无天。"其实我们可以换个说法"名牌的质量可能确实好一些，妈妈当然知道。不过价格也很高，班里有多少人在穿呢？如果只有不到1/3的人拥有，那咱们不必跟风，人一辈子得见识多少好东西？好东西只是人的配件，人自己才是主件，是人穿衣服，不能让衣服穿人，是不是？"

很多女生做有偿陪伴表面是爱钱，内里是不自信，需要名牌包装自己，在同学面前有面子，但是赚钱的手段却是最没面子的事。与其如此，不如量力而行，还落个心安理得，睡觉踏实。话说回来，做父母的，也不要完全无视孩子的正当要求。适当满足孩子的爱美之心，根据家庭经济条件，定期给孩子买两件好点的衣服也不算奢侈。假如确实没这个能力就对孩子实话实说，鼓励孩子通过脚踏实地的努力追求理想生活。

最主要的一点是，青春期的女生更需要家长细致的情感关怀和心理支持，父母再忙也要和孩子保持经常性的沟通、开放的交谈，倾听孩子的诉求，捕捉那些可能正困扰孩子的问题的蛛丝马迹。在相信孩子的大前提下，尽量像朋友一样和孩子相处，让孩子不至于因为内心空虚、情感饥渴而失足。如果家长不善言辞，也可以用电子邮件、写信、短信、微博私信、QQ等方式和孩子保持交流，只要态度真诚，就算不面对面也一样能敞开心扉地沟通。另外，父母之间的美好感情也会对孩子有暗示作用、积极影响，相反父母之间情感淡漠，夫妻关系名存实亡，也会对孩子的情感观有消极不良影响，使孩子丧失对美好感情的期待，甚至丢掉自尊只图暂时快活。

虚荣、攀比、拼爹

小海和小杨都是初三学生，同校不同班。有一天晚上放学，在学校操场踢足球，各班男生加入不同的两队，混战一团。比赛进行中，难免磕磕碰碰，但眼看自己队已经落后两球，小海很着急。这时刚

好对方队伍里的小杨又抓住机会踢进一球，三比零。小海非常恼火，冲上去找机会给小杨一个绊儿，小杨摔倒后站起身来找小海理论。结果二人三言两语就动起手来，小海边打边骂："你也不照照镜子，你配和我动手吗？摔的就是你。我爸爸是教委的，校长都得让三分，打我，你等着被开除吧。"谁知小杨也不示弱："你爸爸再牛也得给我爸提鞋，我爸爸的企业是区里首屈一指的大公司，我爸养活着你爸那样的饭桶呢，没有我爸爸，你爸爸和校长都得喝西北风。"二人终于被众人拉开，但二人的"背景"也在学校传开，不知谁在学校门口贴了张大海报，上面写着："你爸有钱他爸有权，两个儿子一对混蛋。虽然我爸没钱没权，儿子却是一条好汉。立志长大考取法官，惩奸除恶英名流传。"

2010 年 10 月 16 日晚 21 时 40 分许，在河北大学新区超市前，一辆黑色轿车，将两名女生撞出数米远。被撞一陈姓女生于 17 日傍晚经抢救无效死亡，另一女生重伤，经紧急治疗后，方脱离生命危险。肇事者口出狂言："有本事你们去告我，我爸爸是李刚。"2011 年 1 月 30 日，河北保定李启铭交通肇事案一审宣判，李启铭被判 6 年。这就是当时轰动媒体之后又犯众怒的"我爸是李刚"事件。（来源：人民网）

网络陆续爆出一些"拼爹""拼姑父""拼干爹"事件。这样的事件反映了一些社会问题，比如对金钱和权力的追捧，以及有些人利用钱权获取非法利益，逃避法律责任，甚至在损害了他人合法利益的时候，能依仗权势，践踏法律，蔑视公德。

中学生"拼爹"行为的背后是价值观和是非观的扭曲，对公共道德的轻慢，对法律公正的亵渎。同时"拼爹"少年的内心也显得幼稚而缺乏责任感，没有独自担当的勇气，属于典型的心理断乳延迟。

普通大众的子女，没有一个有钱有权的爹，看着同龄孩子嚣张跋扈的行为，看着同学挥金如土的生活，是不可能视而不见没有思考的。所以对这两部分中学生，都需要进行心理引导与援助。2012年高考，网络上传出一些学校的奇妙语录："没有高考，你拼得过富二代吗？""没有高考，你拼得过高富帅吗？""生时何必久睡，死后自会长眠。"看来孩子们早就更深切地感受到了生而不同所带来的压力和焦虑，高考成了绝地反击战。这样的口号也说明了，高中生的认识还是有局限性的，符合这个年龄阶段看问题非黑即白的特征。

类似小海和小杨这样的孩子，在学校里并不少见，在父母面前可能还有所收敛，出了门就是大闹天宫的孙猴。父母自然不愿孩子这么不省心，要解决问题得先从家庭环境和父母影响入手。

很多家长在孩子面前宣扬扭曲的价值观，放言"没有爸爸解决不了的事"，或者孩子本身就见识过父亲滥用职权的行为，既然父亲能滥用，为什么不能为儿子也滥用下去？这样的逻辑一形成，孩子就开始无法无天了。所以首先家长得注意，你的人生是你自己的，你希望孩子成为什么样的人，你就先做个榜样给孩子看。另外不管家庭环境怎样，父母都得引导孩子客观评价自我，父母的成就或他们的身份，是他们自己的事，并不是孩子炫耀的资本或自卑的理由。

调整追求目标，作为中学生要努力提高自身的素质和能力，掌握文化知识，开阔视野，而不是如小鸡吃米般把眼光仅仅盯住眼前，盯住长辈的给予。接纳真实生活，不幻想不劳而获，也不妄自菲薄。父母手中的权力只应服务于其工作职能，不是个人炫耀的资本；父母有钱，钱是父母的，是他们的劳动所得，并不是子女理所当然的攫取对象，

也不能用钱作为获取不正当利益的筹码。孟子云：穷则独善其身，达则兼济天下。财富和权力都是为了阳光、善意、积极的理想而服务的，失控的权力和财富则如洪水猛兽一样会葬送前程。

勿以恶小而为之

小华已经上高二，上高中以前比较懂事，学习成绩一般，在学校遵守纪律，回到家帮妈妈做家务。上了高中以后，身材矮小的他开始受到欺负。同班一个高大的男生"猪头"，每天早晨堵在班级教室门口借钱吃早饭，说是借钱，却从来不还。有一次借到小华头上，小华说没钱，就被对方拉住搜书包，不但拿走了十元钱，还被甩了两个耳光。几次下来，小华忍无可忍，带了条木棒和对方拼命，"猪头"见小华绝地反击，也有些害怕，不但不再要小华的钱，还主动请小华吃午餐。因为这一仗两人成了朋友，他们一起看暴力电影，一起逃学打游戏，钱不够用就一起欺负同学。上了高二，两人成了学校里闻名的"恶霸"。老师的批评教育不管用，家长也控制不了，有时候小华明明有父母给的零花钱，还是要勒索同学。高二暑假小华因为抢劫一名公园游客的钱包被抓。被抓的小华以为把钱退给人家就没事了，但结果却是被判承担刑事责任。

小华和"猪头"的故事很像电影《大象》里，那两个玩枪战游戏的美国男生，最后假戏真做买了枪支弹药回学校开杀戒。很多中学生都是在这样"温水煮青蛙"的渐进式犯错中，逐渐滑入犯罪深渊的，有些明明过去是受害人，却转而成了施暴者。

《刑法》第十七条：已满十六周岁的人犯罪，应当负刑事责任。

已满十四周岁不满十六周岁的人，犯故意杀人、故意伤害致人重伤或者死亡、强奸、抢劫、贩卖毒品、放火、爆炸、投毒罪的，应当负刑事责任。

已满十四周岁不满十八周岁的人犯罪，应当从轻或者减轻处罚。

因不满十六周岁不予刑事处罚的，责令家长或者监护人加以管教；在必要的时候，也可以由政府收容教养。

以上这些法律规定没有被中学生充分理解，或者即使理解也不以为然。有些孩子相信自己的父母"有办法"；有些像小华一样，认为还回去道个歉就没事了；还有一些的出发点是为了报复父母的"不负责"。从这个案例里我们得到的启示就是要对青春期孩子的违法苗头防微杜渐。孩子有时候意气用事，或者受暴力文化影响，崇尚暴力，不顾及法律法规，做出违法犯罪的事情。家长有责任提醒并监护孩子，让孩子知道个人行为必须遵守的边界。用图文的形式或者主题影片给予明确告知，了解放任的行为可能给别人和自己带来的种种后果。家长要提高法律意识，多了解法律知识，然后帮助孩子划定活动范围。

家长要帮孩子抵制暴力文化的侵蚀。像《古惑仔》这类电影里所展现的火爆镜头，血肉横飞、两肋插刀、不问是非的义气，都是编剧和导演为了票房收入而刻意渲染出来的，目的只是满足观众寻求刺激的心理。社会需要规则、秩序，规则和秩序是用来保护每个人的基本权利的。蔑视法律、践踏他人权利的人必然会受到法律惩处，而不是像电影里演的那样逍遥法外。

中学生的行为问题往往与其心理有关。有些孩子是受深藏内心的焦虑、抑郁、狂躁情绪驱使，有些孩子则属于攻击型人格障碍或反社

会型人格障碍。当孩子出现狂躁、焦虑、抑郁情绪，或表现出蔑视规则，防卫心强，性情孤僻，有反社会人格倾向的时候，家长可以带孩子做些心理测试，排除精神类疾病或神经病症，然后再因地制宜地解决情绪困扰。

青春期生理心理教育，应在开放的、充分沟通的前提下，及时进行。家长对孩子提的生理、心理问题不要回避，比如孩子问："为什么高年级的能抢劫我，我就不能抢劫低年级的呢？"家长可以回答："别人做错事，不意味你就要跟着做，别人的错别人负责，你的错你负责，既然知道是错的为什么还要做？别人伤害你的时候，你是什么心情？为什么你所经历的痛苦还要转嫁给无辜的人？"

2010年药家鑫案震惊全国，该案也给很多望子成龙的家长敲响了警钟，我们把孩子养大，送进高等学府，成为天之骄子，我们的任务就算圆满完成了吗？孩子是不是真的就可以走向美好未来？有了好的学历、文凭、能力，就足够了吗？没有健康的心理，成熟的处世态度，起码的人性和道德，能拥有幸福的人生吗？

有人抢劫几十元钱之后害怕事主报警，残忍地杀人毁证。几十元钱和一条生命的价值如何能比，但当人性歪曲时，就出现了让人震惊的选择。企图逃避处罚的人，因为恐惧，不知道怎么办，自私怯懦，没有勇气承担自己行为带来的后果。

即便被报警，不过是几十元钱的事；即使被判刑，总会有期限。既然确实是自己违法犯罪，面对处罚就是迟早的事，侥幸逃脱只能是一时。接受处罚，认识错误，赔偿了受害人的损失，人生还可以继续翻开新的一页。一旦因掩盖犯罪真相而杀人灭口，性质就发生了改变，不仅仅是经济责任和刑事责任那么简单了。

我们要提醒孩子，与其出了事之后害怕处罚，害怕责备，不如先约束自己的言行，理智对待欲望和现实。冲动之下做了错事，要在第一时间冷静下来，挽回因自己的错误造成的后果，而不是使后果继续恶化，更不能试图掩盖、错上加错，那是自掘坟墓。

对生命的尊重，道德的底线，人性的善良是家庭教育的必修课，家长要及早给孩子熏陶和影响。善待他人、保护环境、谴责虐杀、公正评价社会现象和现实事例、感谢他人的善意、悲天悯人的情怀，这些都需要家长通过日常生活渐渐传递给孩子。

心灵关怀与信心培养。家长应给孩子机会去认识自己，认识生活，冷静看待生活中的挫折和过去某些不幸的经历，同时用多种形式释放孩子的负面情绪，缓解压力。轻音乐能在很大程度上调节人的情绪，心理学领域还有专门的音乐疗法。音乐有神奇的精神疗效，家长可以培养孩子听音乐的习惯。

防微杜渐，给孩子说故事。古人云"勿以善小而不为，勿以恶小而为之"就是这个道理。做家长的不要觉得，孩子犯小错不算事，事再小也要看是什么性质，原则问题上不能妥协。

威尔·史密斯主演的《七磅》是一部震撼人心的悔罪电影。主人公蒂姆和妻子开车回家，路上由于蒂姆的大意发生了严重的车祸，妻子死亡，另外还有 6 个人也无辜惨死。蒂姆把自己的肺给了弟弟本，把一半肝脏给了一个在家庭服务和孩童福利保障中心上班的黑人女子，把自己在海边的房子送给了一个被男友虐待的女人，让她和她的孩子彻底离开了噩梦。蒂姆还把自己的一个肾脏给了一位冰球教练，为白血病儿童捐献了骨髓，把眼角膜移植给了一位音乐老师，把心脏移植给了心爱的女子。当他把所有的事都交代给他的好友后，蒂姆用

水母自杀。虽然牺牲生命来赎罪显得残酷，也未必是最好的方式，但观众依然被主人公的责任感打动。如果电影里发生的事情是真实的人生，我建议当事人放下过去，不再沉湎于痛苦，用自己的努力回报社会，帮助更多人脱离困境，改变命运。

用积极暗示救赎自我

电影《关于莉莉周的一切》讲述了几个日本中学生的故事。

中学生莲见和同班的星野是好朋友，但两个人的家庭却各有不开心的事。莲见跟随母亲和继父生活。星野的父亲公司破产，导致家庭破裂，从此星野变成不良少年。在残酷的生活里，莲见唯一的释放窗口就是莉莉周的音乐，他经常在莉莉周的论坛上发帖表达心情。另一个莉莉周的乐迷网名青猫，经常和莲见在论坛上交流，他们彼此慰藉，青猫成为莲见心中的知音和朋友。

莲见和青猫约定在莉莉周的演唱会上见面，暗号是青猫带一个青苹果。演唱会开始前，莲见遇到星野，原来青猫就是一直欺负自己的星野，而星野并不知道莲见就是一直在论坛上和自己交流的人。演唱会后，人潮汹涌，莲见在人潮拥挤中将刀刺向星野。

男生中考落榜欲杀玩伴 为"练胆"捅死无辜少女

（2011年4月11日 作者：黄迎峰 来源：《生活报》）

18岁的侯惠（化名）没有考上高中，便迁怒于考上重点高中的玩伴杨华（化名），而侯惠的目的仅是要杀个人练练胆。案发两小时后，侯惠被公安机关抓获。

父母逼迫介绍幼女卖淫 丧尽天良为哪般

（2010 年 10 月 21 日 作者：刘逸明 来源：新华网）

亲生父亲竟然强迫 14 岁女儿卖淫，并要求其每天必须达到五次，否则就不准睡觉。其继母不但不劝阻，反而带她去找嫖客。近日，江西南昌青山湖区检察院以构成引诱、容留、介绍卖淫罪向犯罪嫌疑人赵宝妹（化名）提起公诉，女孩亲生父亲徐混（化名）在逃。

暴力、援交、自杀与他杀等在中学生中间出现的问题常常与家庭教育的缺失挂钩，在问题发生后，人们先是震惊，之后是愤怒与谴责，等情绪平静下来后，不禁思考，到底是什么原因，让原本正处在人生最美好阶段的中学生，变得面目全非？

暴力：中学生暴力行为和暴力犯罪呈上升态势，不能不引起社会的重视，如何帮助受到身体伤害和语言伤害的孩子度过每一天？首先要减少施暴行为，然后才是对受害者的援助。

在我上初中的时候，学校里有一些男生是逞强斗狠的角色，也许在大人看来他们不过是小孩子，十二三岁能干出什么出格的事来，但是当时，他们的存在确实给很多同学带来了巨大的精神压力和心理压力，学校里比较弱小的男生女生，大部分都受到过他们的欺负，包括语言暴力和拳脚相加。这种生活不是短暂的一天两天，而是至少三年，可见孩子们在学校的生活有多难过。

到我自己做老师的时候，我比较留心男生小团体的动向，特别是经常打架违纪的孩子，一方面多交流做点教育工作，另一方面控制他们的行为边界，减少他们对其他同学的负面干扰，但是老师的位置和同学的位置是有根本区别的，这些孩子在老师面前自然尽量收敛，一离开老师的控制范围，他们就可能对其他孩子构成威胁和造成伤害。所以，老师鞭长莫及的地方更需要家长用心，孩子每天出门上学，放学回来，家长要有意识地告诫他们如何面对可能的暴力伤害，同时也要告诫他们不要恃强凌弱，不欺负同学。

援交：少男少女加入援交行列，有些是被迫，有些是主动。在援交的人群中，有些人是为了赚钱买名牌手袋及高档手机，满足虚荣心；有些人想从别人身上得到关心，却忽略了援交可能带来性病、怀孕、自卑、心灵创伤等后果。家长认为自己的孩子绝对不会做这种事情，所以不想和孩子交流此类话题。也有些家长不知道怎么谈，所以就回避了。这类问题并不因为我们闭上眼睛就不存在了，就算自己的孩子确实不会参与，但难保班里别的同学不参与，有时候已经失足的学生会帮助他人诱骗同学加入。面对问题，告诉孩子我们的看法，并提出保护自己的建议，万一落入险境，知道怎样尽量保护自己，怎样脱险，这些意识是十分必要的。

自杀与他杀：许多孩子因为现实因素而自杀，以摆脱痛苦；因为希望幻灭或者纯粹因为报复而对他人挥刀相向，最后自己再被法律制裁或者自尽。我们难以想象中学生怎能如此残酷冷血地下手，但是别忘了，他们用有限的能力和有限的理解力，面对着与成人同样的世界，当他们的问题不能得到及时疏导和解决时，会比成人更容易走极端。

青春期的孩子普遍喜欢音乐，音乐不仅仅是娱乐休闲方式，也是一种积极的自我暗示方式。音乐，是释放，也是共鸣。人生有残酷的一面，所有人都要面对。心理学上有音乐疗法，但不是所有的音乐都有治疗的作用，选择音乐也是选择自我心理暗示的一种方式。当身处恶劣环境时，再听绝望压抑的音乐，只会强化内心的抑郁或暴躁；而轻柔美妙的音乐，积极励志的歌曲，幽默达观的视角，则可以鼓舞信心，使人得到力量，帮助身处困境的人鼓起勇气走过泥沼，挨过冬天。

　　当前的社会环境比20年前更复杂，可以说校园环境、社会环境、文化环境都复杂化了。刚刚进入青春期的孩子，还不能完全理解所面对的全部问题，尤其是暴力、援交、伤害等负面问题。如果没有积极的自我暗示，孩子很可能会被卷入黑暗洪流，放逐自我，用暴力解决安全感的问题，宣泄不满；用援交得到金钱或者被关心、被温暖的感受。

　　解决问题的途径丰富而开阔，如果遇事不谈话、不沟通，直接用暴力处理，世界将毫无秩序与安全可言。作为家长，我们需要传递给孩子很多基本观念，其中包括遵守既定的社会规则，做有道德的人，包括以积极的心态和正确的方式面对实际问题，告诉他们暴力冲突是最不明智的方式。

　　观念的开放、文明的开放和性开放不是一回事。该如何看待性的问题，从孩子很小的时候开始，我们已经在进行基本的定位和熏陶了，孩子幼年时，我们也曾经回答过"我从哪里来？"的问题，小学生已经能通过网络和课堂了解精子、卵子结合的过程，以及胚胎的发育等知识。但对性本身热情的唤起，却是在孩子进入青春期之后。此时人的生理基本成熟，心理也在演练爱情脚本，或者与爱情无关，就是性冲动。我们可以泰然和孩子交流关于性冲动的问题，如何看待，如何处理，如何保护自己和他人，发生性行为会有怎样的后果，以及性不宜作为商品出售的理由。开放的交流能帮孩子以主动的姿态看待和思考性的问题；回避和掩饰不能解决任何问题，还会阻塞孩子与父母沟通的路径。

高中生做生意

　　小丁以第一名的成绩考上了重点高中，尽管家庭条件不好，但父母还是支持孩子继续读书考大学。小丁还有一个妹妹，爷爷奶奶身体都不好，也靠父母养活。14岁的妹妹几次要求辍学外出打工，都被父母拒绝了。小丁的内心因此很痛苦，觉得自己身为男孩不能帮父母分忧，反而还要每月回家拿生活费，太让父母为难了。高一寒假小丁以学校补课为由没有回家，他每天去给几个初中学生做家教，开学之初居然自己存够了三个月的生活费。虽然做家教的事被班主任听闻后制止了，但小丁似乎越来越喜欢赚钱的感觉了。他每天放学不上晚自习，批发一些衣服在商场附近摆地摊，在路灯下吆喝叫卖，还和很多小贩成了朋友。结果小丁的学习成绩逐渐下降，白天在课堂上睡觉，有时候困得实在难受，他就到厕所抽烟提神。高一暑假的时候小丁的外语和数学不及格。任凭班主任苦口婆心，小丁都不打算放弃兼职，他理直气壮地说自己这是帮父母减负，还说就算自己考不上大学，摆地摊做生意一样能生存下去，说不定还能开成连锁服装店。小丁的父母都是老实木讷的农民，不知如何劝导孩子，他们只是希望孩子能安心读书考大学，赚钱的事情以后再说。

　　小丁之所以荒废学业去做生意，应该说不仅仅是孝顺父母的心理动机，贫困的家庭生活也在消磨一个男孩的自尊，并使得他开始思考眼前的学业和未来的生活之间的关系。由于目前高中还尚未纳入义务教育范畴，学费和生活费对贫穷家庭来说还是沉重的负担，这样的沉重本不该加在一个十六七岁的高中生身上。然而现实如此，所以解决这个问题也不是单纯的心理援助能完成的。

父母也好，老师也罢，要教育引导孩子回到正常的学习生活轨道上来，先要看到孩子行为的合理性一面。小丁面对家庭贫困的现实，没有怨天尤人，也没有自暴自弃，而是选择劳动赚钱，独自承担，这个精神是值得肯定的，也应该得到表扬。不过人生是有阶段性的，每个阶段都有每个阶段的重点内容，不能揠苗助长，更不能提前透支。老师、家长可以告诉小丁生意可以以后再做，而高中是比较关键的时期，得尽量集中精力面对学习负担，哪怕上了大学再开始半工半读也行，那时候时间比较自由，也年满18周岁了，学习压力相对小一些，接触的层次更广阔，可利用的资源也更多。

对小丁来说，通过做生意赚钱，不但能承担自己的生活费，还能在同学面前有点面子，在那些小贩朋友圈子里，他也得到了心理上的接纳。其实小丁的内心不是没有矛盾和挣扎，如果家庭条件好些，他当然不会主动去做流动小贩，他想解决经济困难的问题，同时也用自立摸索着另一种可能的生存方式。他和老师的争执只是在给自己打强心针。一个过去班级里的尖子生居然主科不及格，这个落差对小丁也是有冲击的。小丁是个重亲情的孩子，父母和老师如果要帮助他，不妨从情入手。

老师要肯定小丁的聪明和勤劳，夸奖他不辞辛苦风雨无阻地做小生意赚钱，并且是利用课余时间，用自己的劳动赚钱，给父母减轻经济负担，这对一个高中一年级的学生来说是非常难得的，是有责任感的行为。这样的谈话，能让小丁放下和老师对立的情绪，也使他获得

满足和自豪感。

老师还要帮助小丁分析，学习不仅仅是为了找个好工作来赚钱养家。心理学家马斯洛把人的需求分成生理需求、安全需求、归属与爱的需求、尊重的需求和自我实现五类，依次由较低层次到较高层次排列。那些较高层次的需求的实现，无不是和一个人的综合能力及基础素养密切关联的。大学生活可以让人得到专业的高等教育，这样的机会不是每个人都能轻易得到的，而大学毕业后，一个人所能发挥的能量会被最大化利用，这对个人、对家庭、对社会都是有意义的。

老师要让小丁明白父母过去辛苦多年，养育子女，照顾爷爷、奶奶，回报他们的最好方式，不仅是让他们减轻经济压力，过上幸福的晚年生活，更主要的是小丁能实现自己的人生价值，发挥自己的优势，找到属于自己的位置。荒废学业做小买卖，这是人生的另外一种可能，往往是在求学不能，求职不能的情况下的求生办法；当然也可以做这样的选择，不过也要知道那将意味着事倍而功半。

老师还可帮助小丁申请助学贷款或者社会资助，让小丁大学毕业后再逐步偿还。这样小丁就能集中精力补上落下的功课，也不必再为家庭经济困境而深陷愁苦。现在很多学校都设有奖学金，社会上也有救助机构。老师甚至可以许可小丁在保证按时上课的前提下，做点勤工俭学的工作。每个人的处境不一样，对有些孩子来说，参与过社会生活反而更能激发起他们学习的动力。

老师要让小丁了解如果他确实喜欢做生意，上大学后依然有机会，用更多的资金，更好的理念，更高的起点，更棒的团队去做，那时才能让父母真正放心，而自己的聪明才智也能得到最大化发挥。如果只盯着眼前利益而放弃关键的学习时间，则可能失去更好的发展机会。

我的一个朋友是民办教育家，留美归来在国内做职业化教育。他非常赞成那些家境一般，而且学习成绩也不出色的孩子选择职业定向更明确的大学或高中。孩子先掌握一门能自给自足、自力更生的技术也是一条发展的路径，等站稳了脚跟、改善了经济状况之后再逐渐学习、自我提升，不必千军万马挤上高考的独木桥。我觉得他的建议很有道理。我的另一些朋友也是大专毕业后先参加工作，之后边工作边修读本科和研究生的，到如今发展得也不错。

教孩子选择榜样，务实进取

电影《逍遥法外》讲述的是天才少年从犯罪到回归的故事。

弗兰克是个聪明英俊的少年，他的父亲陷入税务困扰，母亲在这个时候选择了离婚改嫁。伤心的弗兰克离家出走，他聪明过人，有胆有识，冒充航空公司的副机长周游世界，伪造银行支票诈骗百万美元，在身份暴露后伪造证件变成医生，后来他自己复习功课通过律师资格考试，成了年轻有为的检察官。

FBI探员卡尔连续几年追捕弗兰克，数次失手，被弗兰克从眼皮底下逃走。终于在某年圣诞夜，卡尔在弗兰克母亲的故乡小镇诱捕弗兰克成功。在回美国的飞机上，弗兰克得知父亲已经意外身亡，他设法逃脱跑到母亲家，母亲再婚生的小女儿趴在玻璃门里看着他。弗兰克不再逃走，被卡尔带上警车，被判处12年监禁。

卡尔几次来探望弗兰克，弗兰克帮他破解棘手的银行诈骗案，卡尔努力帮助弗兰克重新获得自由，条件是弗兰克参与FBI的破案工作。

他们的关系从对手变成了同事，同时卡尔成为弗兰克如父如兄的朋友。

英国中学生尼古拉斯·韦柏年仅 17 岁，建立了类似 Facebook 的黑客社交网，供全球黑客交流和切磋"技艺"，盗刷别人信用卡等。几年时间内，此网站的涉案金额高达人民币 1.8 亿元，数千人受害。韦柏曾是英国布拉德菲尔德学院的学生，他的父亲曾是英格兰根西岛的一名政治家。其家族史可追溯到诺曼征服时代。这样的一位"名门"之后，为何堕落到如此地步？英国媒体经过调查发现，原来在财富和尊贵的外表之下，韦柏的童年却非常扭曲，父母彼此不忠，韦柏 11 岁那年，他们离婚。韦柏的堕落很好地诠释了父母离婚会给孩子带来怎样的灾难性影响。（来源：《信息时报》）

信息开放，科技发达，今天的中学生要寻找什么资料，鼠标一点就找到了，效率很高。也因此，中学生的智力水平大大提高，犯罪低龄化，手段高超。但不是所有的错误都来得及改正，不是每个误入歧途的少年都能遇到卡尔那样的知音。

聪明有道，这道是道理、道路、道德。三者不可分。没有人能真正逍遥法外，只是被捕的时间早晚而已。暂时逃离了法律制裁，内心忐忑惶恐并不舒服，这就是为什么很多负案在逃的人被捕后都如释重负，终于可以安心睡一觉了，不必再提心吊胆提防呼啸的警车。

青春期的孩子挥霍智慧，浪费机遇，离开师长的期待，走上孤独灰暗的道路，是逆反还是报复，因人而异。走错方向的人，车子再好，技术再棒，也是南辕北辙。

像案例中的人物，有那么好的表演天分，不如去演电影；那么优秀的网络技术，不如去做网络工程师；那么精湛的口才，不如去考律师执照；那么强健的体魄，不如去做运动员；那么骁勇的气概，不如去当警察。不必沦落为罪犯，更不必把自己逼上梁山，人生能有多长的青春，能有几次回头的机会？

武汉市关心下一代工作委员会对全市 11 个城区 46 所中小学的 2115 名学生和 7 个城区 10 个社区的 645 名学生家长进行的抽样问卷调查显示，受功利化成长目标的影响，新一代中学生的价值观正在变异。（来源：《长江日报》，2011 年 4 月 3 日，《谁是青少年的崇拜偶像？》）

对中学生的崇拜者进行的问卷调查显示，学生心目中的偶像占比最高的是影视明星。他们对领袖、军人、教师、劳模、企业家、科学家的崇拜度，均以较大落差排名其后。

榜样的力量，在心理学上有明确的理论基础。比如模仿法，一个人最初总是模仿父母的言行，这是最自然的规律。父母的言语暴力或行为暴力，在孩子心中留下印痕，然后孩子依常态或变形的方式表现出来。同样，父母的思想、价值观，也在潜移默化中给孩子以榜样的效应，比如父母是比较注重环保的，提倡节约，提倡物尽其用，那么这些习惯也会成为孩子的习惯。

进入青春期，孩子与外界接触更多，父母未必是永远正确的，特别是当孩子有了自己心目中的英雄的时候。无论是商界精英、体育明星，还是超人式的英雄或者电影人物，只要孩子所向往的角色有正向的引导意义，成人就得给予起码的尊重。

一个时代有一个时代的英雄，也许身为长辈的 60 后、70 后有自己心中的崇拜对象，但也要理解年轻人，理解当前的中学生所处时代

环境的不同，比如孩子崇拜迈克尔·杰克逊或周杰伦，家长可以引导他们看到成功的音乐人背后的努力和音乐功底，而不是片面地看人家的成功。家长要让孩子们知道一切成功都和努力分不开，所有秋天的果实都是春天播种、夏季经营的结果。同时也可以告诉孩子，成功的道路从来不是一帆风顺的，挫折教育也是必要的部分。良好的承受力，接纳痛苦的能力，跨越泥泞的好心态都是成功之路的基石。

心理学中所谓的模仿法，恰好说明了榜样的作用和力量，鼓励并强化正确的模仿行为，也是价值观养成的途径之一。模仿法来自班杜拉的社会学习理论，这种方式恰恰对年轻人更合适，而对正确模仿行为的肯定与强化，要适时适当。家长过分的渲染反而让孩子逆反，不分场合的提示也让孩子厌烦，讽刺和反问的方式更让孩子失去信心和自尊。

就像向日葵追逐太阳一样，让孩子有自己的判断和向往，也是其人格独立进而深度思考的途径，成人给予关注和适当的提示即可。如果孩子崇拜的对象是父母所不了解的，还请成人抽时间去了解，而不是彻底否定，完全排斥，这会导致成人和孩子的心灵更遥远。

需要格外引起重视的是，今天的媒体和舆论似乎更关注名利双收的职业，大家的眼光更多地集中在一掷千金的企业家和声色犬马的娱乐圈上。

事实上，社会的发展，科技的进步，文化的传承需要全社会的努力，所有行业的人都在做出努力、做出贡献，虽然有些人的职业受到的关注度不高，但也需要认可他们的价值，尊重他们的付出，肯定他们的成就。

中学生可以有自己的崇拜对象、自己心中的理想、自己欣赏的英雄，但让他们欣赏并接纳平凡的生活、平凡的角色更加重要，因为那是未来生活的常态，也是奋斗路上的必然经历。否则，将来跨出校园的孩子，离开父母的爱和学校的保护，在社会上面临就业、恋爱等问题，面对现实和困境，会有很大的心理落差。有些落差对孩子来说是致命的，只因为他们过去从来不曾看见生活的真相，以为一切都像自己想象中那样完美，以为世界给自己敞开大门，一帆风顺是顺理成章的。

农民的科技经营，回归自然，创造物质财富，满足人们的生活需求，同时对环境有益，是健康的产业；教师不但要传播知识，也关注心灵的成长，是被尊重的职业；医生以救死扶伤为天职，在非典肆虐或重大自然灾害面前，他们的表现感动并鼓舞了无数人；科学家在默默地研究，使科学技术更好地服务于未来世界，服务更多的人；一个快递员每天穿梭在城市的街道，传递着包裹，方便了人们；一个餐厅服务员用微笑给顾客带来亲切温暖的心理感受，也端上美味佳肴让人们品味；一个出租车司机把人们安全送到地点，热情地给人介绍当地的风土人情……我们要让孩子们知道，一切踏实生活的人，一切热情地投入生活的人都值得尊重，一切对社会对他人有帮助的职业都是光荣的，也都是可以做得极为出色的。这样，将来走出校园的中学生才能用健康的视角，看待社会中的种种现象，看待贫富差距，看待经济水平的不同，看待理想与现实之间的距离，看待也许并不是非常成功的父母，看待自己所处的位置和要面对的职业与生活。

那些帮助别人的人，值得我们肯定，值得尊重；同时我们每个人也都要成为那样的人，存着起码的善意和公共道德，力所能及地帮助别人，也在得到别人帮助的时候表达真诚的谢意。这样的生活才有意思，心灵才不会陷入绝望和孤独，人才不会因为私欲不被满足而愤懑报复，才不会走上彻底的叛逆和绝望的道路。

生活的希望，生命的意义，在于平常的每一天。简单的快乐，不断付出并得到，人际互动的温暖与善意，都是人生中最重要的部分。

第三章
做个更好的人

一个人内心世界的形成不是一日之功，所以不管解决怎样的心理问题和行为问题，都没有立竿见影的方法，没有捷径。和问题当初形成的路径一样，解决也是要根据实际情况，详细了解来龙去脉，综合考察一个人的生理因素、心理因素和社会因素等多方面原因，然后再具体解决问题。

有时候一个人身上可能同时存在几个问题，需要选择解决的顺序，并对每个问题采取不同的、恰当的方式进行处理。一两次谈话也许能醍醐灌顶，但大部分的问题化解却是系统工程，几周、几个月，甚至几年。

如果能对中学生进行一些预防性的心理帮助，则可事半功倍。不必非要等问题严重到一定程度再解决。健康的心理品质，不但能帮助孩子顺利度过青春期，更将成为孩子的终身财富，是一生取之不尽的力量源泉。

接触生活，才能了解生活

2005 年 8 月，黑龙江省森林植物园，刚刚将园内的"五谷认知园"免费开放，记者于 9 日下午到园中采访，结果发现将近九成的中小学生，连基本的"五谷"都不认识，更别提园中的红心甜菜、彩色蓖麻等新品种了，有的学生甚至将园中种植的水稻当成草。不识"五谷"的不仅是学生，就连许多家长也分不清园中的农作物到底是啥，即便认识，也是只能勉强认出一两样作物。

如今经济发展迅速，贫富差距拉开。学生们在学校里上课，出了校门回家，衣食住行被人照顾得细致入微，虽然也从新闻和网络上听说这个世界还有贫穷和饥饿，但因为和自己每天的实际生活相距甚远，所以也没有太多感触。《增广贤文》里说"两耳不闻窗外事，一心只读圣贤书"，可是我们如果不了解、不参与真实的生活，死读书、读死书、读到死，又有什么意义？学以致用，学而思、思而辨、辨而明才是学的意义。

对生活的真相没有切实的了解，没有发自内心的感触和情感体验，对现实世界的悲苦与幸福感觉麻木，这样的人怎么会关心别人，有责任感呢？不懂得关心他人、理解他人，对父母的付出视而不见，亲子关系就会被破坏。一个人如果缺乏责任感，不用说到成年后的独立生活，只看眼前就显现出一系列后果。他们容易把问题的责任都推卸给别人，怪别人不理解自己，生活上不愿意自理，家务劳动不参与，班级事务不积极，学习更是负担，进而厌学、逃课、贪玩、放任……这些行为会导致更多的心理问题和行为问题，恶性循环。

有的孩子上中学后接触面广了，但对接触到的事物没能正面消化，有了种种困惑疑虑，这是正常的，家长通过开放的交谈和疏导，可以帮孩子分析消化。有的孩子问："为什么别人的爸爸妈妈很有钱，我的爸爸妈妈却很一般？我怎么这么倒霉？"这真是个让人很尴尬的问题，听到这样的问题，做父母的大多会很生气，但孩子的疑问本身也没什么错，事实就是如此。

面对孩子，我们是家长，但家长未必永远是对的，把孩子当成平等的人一样共同去探讨，他们的领悟能力超出我们的想象。每个人的机遇、理想、条件差别很大，有些是先天差别，有些是后天差别，有些是自己主观努力不够或方法不当，也有些是客观限制或时机不到。人生不是停止的，而是流动的，有不名一文的人飞黄腾达，也有富甲一方的人瞬间破产，世界的多样性就是如此。你不是最有钱的父母，也未必是最贫穷的，可能事业上不是最成功的，但显然也不是最失败的，重要的是，你一直在努力，在承担着责任，并付出最大限度的爱和善意，这就是你可以大大方方和孩子分享的。同时，孩子也是家庭成员，是独立的个体，你可以鼓励孩子将来为家庭做出贡献，通过努力实现财富梦想，没有人就该理所当然地向他人索取下去，孩子也不例外。

家长要让孩子了解生活的真相，带他们去参观养老院，看那些青春已去的老人，知道自己将来也会有老的那天，要珍惜青春；陪他们去孤儿院，给孩子们送礼物；带孩子去山区，割草喂牛，爬树摘果子，让汗水浸湿衣裳；让孩子帮父母做力所能及的事情，接触生活，了解真相，他们才能把自己心灵的根扎在现实的土壤中。

让孩子在现实生活中认识不同的人，懂得尊重别人，不轻视某些行业、某些人群。这样，他才能面对未来的种种可能，即便遇到大的困难和挫折，也能坚强地站起来，不自轻自贱，不失去希望，更不会被虚荣、浮躁蒙蔽眼睛。任何真实生活的人，勤劳工作的人，品行正直的人都值得尊敬，都有自己的价值，都是社会的财富，不要把眼睛只盯着功成名就者，只盯着明星和福布斯榜上的企业家。要知道未来成为明星和企业家的人，也仅仅是很少的一部分，大多数人还是要有属于自己的现实生活和同样值得骄傲的独特人生。

学会适应，珍惜拥有

恐龙曾经统治地球，但后来的气候变化使这个物种迅速灭亡，退出了历史舞台。在硫化氢毒气弥散的山洞深处，有一种叫"鼻涕体"的生物，吸入硫化氢毒气，分泌硫酸。海平面下两三千米处是一片黑暗，海底热液喷涌处水温高达三四百摄氏度，在这样的环境里居然还有长管虫、蠕虫、蛤类、贻贝类、蟹类、水母、藤壶等特殊的生物群落。它们生活得怡然自得，好像那里是世外桃源一般。（以上参看维基百科和"海底热泉生物群落"的相关搜索结果）

"物竞天择，适者生存"是自然界生物进化的基本规律。人类当然也不能例外。中学生从家庭走向学校，再从学校走向社会，一路观光，种种变幻，他们对所接触到的信息并不都能理性分辨。很多时候，他们会觉得不适应。不适应家庭氛围的孩子离家出走了，不适应学校管理的孩子弃学而去了，不适应主流价值观的孩子特立独行了。所以，家长要帮助中学生适应环境，了解自己与环境之间的关系。

首先不得不澄清的是，孩子的心理问题、行为问题、情绪问题，并不意味着都是孩子自己的问题，成人不是也有种种问题无法突破吗？当我们短时间内无法改变你所认为的不合理现象时，剩下的选择就是适应现状，因为适应才能生存，生存下来才能去努力改变。

对网上各种负面消息大人都招架乏力，何况孩子？但我们还是能以过来人的经验和心态与孩子进行探讨。有的孩子思考的问题非常深邃，已经超出我们能回答的范围，那么我们也得老实承认："对不起，这个问题我回答不了，不过咱们可以一起找答案。"或者"你的问题很有意义，我先消化几天再回答你好吗？"而不要说："整天胡思乱想什么？正经事还忙不完呢？就你考试五六十分，还有脸假装哲学家？"这些偏激而残忍的话伤害了孩子的感情，也打击了孩子探索的热情，同时恶化了亲子关系。孩子会因为被骂了就心甘情愿地回到课本前认真学习吗？不会的，顶多会摆摆样子，求个耳根清净。但内心的困惑没有解决，他还会再去找答案，只是不再和你分享。

有的家长用务实精神警告孩子："你没看到现在多现实？能管好自己的事就行了，你饿不死还不得谢谢你老子？还管别人饿不饿，管的了吗？"父母无意间的一句话，给了孩子这样的信息——"只顾自己就好"，那么有一天孩子做出没有责任感的事、自私冷漠的事，你还能怪孩子吗？一个不懂得付出爱和关怀的人，内心是冰冷的，怎会有真正的快乐？所以，适应不是漠视，而是看得清楚，依然有自己的判断和坚持。

学会适应，不是随波逐流，不是对一切现象没有独立见解，放任自己。积极地适应才有利身心健康。有意识地选择环境、创造条件，也是一种生存能力。不是所有的学生都能进重点学校，也不是所有的学生都能遇到优秀的、有责任心、懂教育的老师。班里几个捣蛋分子就能破坏大家的学习环境和求学热情。也有的学生可能被人用言语欺负、用肢体欺负，却敢怒不敢言。

所谓适应，是让孩子在短时间内无法改变的现状面前，懂得自我调节，懂得尽量保护自己的心灵和身体不受伤害，懂得利用有限的条件，完成阶段性的任务。比如孩子通常对父母离异、再婚无可奈何，他们会消极反抗或转而把情感寄托在恋爱上，这就可能引发更多问题。

你给孩子十元钱，问他怎样能发挥十元钱的最大功效。上网吧，两小时；买饮料，两三瓶；买盐，六七袋，用一年；买一本旅游指南，详读当地地理、历史、交通、文化，是一生的收获。让孩子懂得计算和分析，相信他们的判断力，给他们机会珍惜手中拥有的东西，也由十元钱让他们懂得，有限的时间，有限的精力，有限的条件，依然可能因为个人的不同选择而得到不同的收获。

家长要帮助孩子适应当下的家庭、学校、社会环境，珍惜眼前所拥有的时光、健康、友情、条件、机会。有理想，也要脚踏实地；有憧憬，也要努力追求。享受喝粥，也满怀希望地打猎吃肉，不要在痛苦的心情中把幸福变成传说。活在当下，懂得珍惜拥有，如果你有了十块钱就很开心，那么也不会因为得不到一百元而深深不满。如果你能利用环境，提高自己的适应能力，那么总有一天你会发现，在任何环境之下，幸福都是触手可及的，不必叛逆、不必暴戾、不必愤怒、不必出走、不必绝望。也因此，你的内心容易平静，你对生活容易感激，对别人的善意能深切觉察，进而回应以善意。对看不惯的事情，你也能尝试换个角度看待，至少可以保持安全的距离，不必偏激、不必极端、不必亲手惩罚，更不必让自己的心充满焦虑、压抑、忧郁和迷惑。

做乐于分享、与人为善的人

《孟子》中曾记载，孟子问齐宣王："独乐乐，与人乐乐，孰乐乎？"这句话的意思是：一个人欣赏音乐快乐，还是和大家一起欣赏音乐快乐？齐宣王毫不犹豫地回答："不若与人。"

这个故事讲的是分享的快乐。因为分享而有共鸣，因为共鸣而有归属感，因为归属感而觉得安全快乐。讲笑话的人自己说给自己听，笑不出来；说给大家听，博得哄堂大笑，自己也跟着笑出声来。专业选手把别人逗笑，自己不笑，但内心是快乐满足的。

在我的另一本书里，曾经说到过分享的话题，我家宁宁才五岁，但我们夫妻的理念是：好东西大家分享，在分享中表达彼此的爱。举例子来说，晚餐桌上有孩子爱吃的鱼，我们不会把鱼盘推到孩子跟前，让她独自大快朵颐，而是要把鱼盘放在中间，大家一起吃。如果给孩子夹一块肉，孩子会习惯地说"谢谢"，因为孩子给我们分零食的时候，我们也会对她说"谢谢"。

有些父母想在孩子面前表达爱，会这样说"妈妈看着宝宝吃就行了""宝宝吃就等于妈妈吃了""妈妈不吃，宝宝多吃点"，这并不是一个好习惯。正常的方式是，大家一起吃，然后"尊老爱幼"。我的女儿喜欢吃巧克力，有一次，有很小的一块，她拿在手里，我过去说"分给妈妈一半吧，妈妈也爱吃"，宝宝有点舍不得，但还是同意了，分成两块，她偷偷地比了比，把大一点儿的那块放进了自己嘴里，递给我稍微小点儿的半块，我接过来吃了，说"谢谢你"。老公曾经很不理解"没见过这么嘴馋的妈妈"，但慢慢还是认同了我的方式。这样孩子不会唯我独尊，霸占一切福利，而是把一块蛋糕分成几份，外公外婆的都留出来，如果最后分完还多出一块，她会问问"这块多的给我吃，行吗？"听上去楚楚可怜。有一次我和老公带宝宝去看电影，买了冰激凌，三个人都分到一点，宝宝和老公很快吃完了自己的份额，然后一大一小瞪眼看我慢慢吃自己那份，结果宝宝实在嘴馋，拿起冰激凌盒的盖子去舔上面粘到的一点，老公脸上的表情别提多难受了，而我强忍着心疼还是坚持吃了自己那份，最后给宝宝留了一口，她像享受鱼子酱似的认真吃，还不好意思地笑着说"谢谢妈妈"。

乐于分享，会使人际关系因此受益。分享笑话的人，幽默感十足；分享饮食的人，慷慨豪爽；分享快乐的人，快乐倍增。分享是分担的兄弟，分担压力则压力减半；分担痛苦，则痛苦消融；分担责任，则相互搀扶。分享与分担都是获得友情、获得支持的法宝。

心理学研究中经常分析那些内向的人，自我封闭的人，对自己要求很高，甚至达到挑剔地步的人。发生问题时，这类人习惯把问题归结为自身原因，有困难也不愿意告诉别人，宁可独自吞下苦果，内心一片悲苦狼藉。这些人不但自己深受不良情绪的折磨，也殃及身边好心的亲友。有些人因此陷入长久而持续的抑郁焦虑中，有自杀动机和行为；也有人遇到某个事件刺激而彻底爆发，转而伤害无辜。

懂得分享快乐，分担痛苦，就把积聚的负面能量分解了，也使投资的正面能量升值了。人际关系因此得到滋润，遇到困难能有人帮忙，心怀不满能有人宽慰，经济窘迫能有人伸出援手，那么因孤僻绝望而发生的极端的恶性事件也就少一些。

在中学生成长的过程中，偶尔感觉孤独是在所难免的，必要的自我对话和自我反省也属正常，但长久的苦闷和自我封闭则如霉菌蔓延，需要用阳光照耀、清水洗涤，然后自然风干。

同学、老师、朋友、家长，这些都是孩子社会支持系统的组成部分，好像大海中的小船，集结在一起共同抗击风浪。支持系统从精神上或者从物质上给予援助，会帮一个人更有信心面对困难，也因此感受到生命的美好和情感的珍贵。所以，乐于分享，善于团结是很重要的健康心理养成内容。

作为成人应身体力行，把自己得意的收获告诉孩子，分享秘密，对孩子努力的态度或取得的进步给予充分的肯定，让中学生愿意多和成人沟通。

父母应鼓励孩子主动组织并参与一些集体活动，和好朋友畅所欲言，宽容而善意地对待别人，对心情不好的同学用言语安慰，对父母的支持表示感谢，让孩子做一个散发光芒的小太阳。

音乐可以独自欣赏，但心灵需要一些健康的朋友陪伴。

做有能力、更有德行的人

有一个人从小双目失明，懂事后，他感到很痛苦，为什么别人都是正常的，唯独自己要一辈子活在黑暗中。他认为这是上天的惩罚，人生没有前途希望。虽然很多亲朋好友都愿意关心、帮助他，但他依然不快乐。后来有人对他说："世上每个人都是被上帝咬过一口的苹果，都是有缺陷的。有的人缺陷比较大，因为上帝特别喜爱他的芬芳。"

这个盲人听了很受鼓舞，原来自己之所以有这么大缺陷，是因为上天的格外钟爱，于是他振作起来。若干年后，他成为了一个德艺双馨的盲人推拿师。

上帝听说此事后笑言："我很喜欢这个美丽而睿智的比喻。但要声明一点：所谓缺陷是指生理上的。那些有道德缺陷的人是烂苹果，不是我咬的，是虫蛀的。"

这是很多人耳熟能详的故事，鼓舞了那些身体有缺陷，但精神上勤奋积极的人。

金无足赤，人无完人，家长和孩子都一样，所以我们看孩子，孩子看我们都是如此。特别是孩子看我们，可能偏颇，那是年龄局限所致，我们看孩子如果太偏颇，则可能影响孩子的自我评价和未来方向。一个孩子，学习成绩不是很好，但是体育运动出色；体育运动一般，但是口才一流；口才马马虎虎，不过饱读诗书；对读书缺乏兴趣，但是喜爱园艺；对园艺毫无兴趣，但是精通网络知识；对网络一无所知，不过对宇宙非常好奇；对宇宙没有热情，不过性格非常开朗；性格不够开朗，可是办事认真；办事不太认真，可是很有爱心……

每个人都得看见自己的位置、自己的价值，鱼不因为不能飞翔而痛苦，鸟也不因为不能游泳而自责。每个人都要总结出自己的优点和兴趣，给自己独一无二的肯定，不要灰心，不要颓废，更不要被那些劈头盖脸的批评摧残了信心。

告诉孩子，即使某些能力确实有天生的差异，即使后天努力也没能有太大的成效，即使那些看似很重要的课程让人一头雾水，即使成绩始终徘徊在倒数十名之内，即使砸了学校的玻璃不敢告诉父母，没关系，这些都不是世界末日。小小的错误可以改正，小小的失误可以弥补，小小的遗憾可以忽略，惠特曼说："别忧伤，别折磨自己，一切都会过去，像轻烟飘过白色的苹果树。"

孩子需要不断总结自己的能力，首要的是突出能力优势，其次才是弥补劣势。你不能要求一个跳水冠军乒乓球打得很好，也无法要求一个相声演员成为出色的画家，这些要求说通俗点是完美主义，说专业点是绝对化要求。对学习成绩也一样，家长当然希望孩子的各科成绩都很优秀，家长常说："光语文好管什么用，外语上不去白搭！""光体育好有什么用？文化课不好白搭！""光数学好有什么用，数理化必须不分家！"可以尝试着换成："语文好真的很厉害，以后工作了口才和文笔一直用得上，中文和英语都是语言，共性很大，如果英语能进步到中文这么好就太棒了。""体育好真的很了不起，身体健康是头等大事，不过就算考体校也需要一点文化分，考虑从自己喜欢的科目入手努力，怎么样？""数学好的人逻辑思维能力超好的，有很多人喜欢物理、化学，但是数学不好这些科目也难有起色，你的数学这么好，对物理、化学一定很有帮助，进步一些应该不是难事吧？"

除此之外，是拥有正直的品德，强大的内在动力会跟随一个人一生一世，日日夜夜，分分秒秒。一个人能力可以有不足，成绩可以有缺憾，心情可以有起伏，观点可以与人有交锋，但正直的品德是最宝贵的，是做一个好父亲、好母亲、好员工、好朋友的硬件标准，也是不管何时都能问心无愧地生活，能骄傲地抬头挺胸，能理直气壮地朗声大笑的前提。

正直的人，无所畏惧，有明辨是非的能力，有公正而深切的觉察，有该出手时就出手的豪迈，有声援正义、支持公理的行为。正直的人有凝聚力，能得到大家的尊重和支持，是自我价值实现的显性动力。

不管是十几年还是几十年，不管是平淡无闻还是声名远播，做正直的人，会让你感到内在的坚强力量，支持你在社会上生存、发展。正直的人是社会的脊梁，是文明的希望，也是真正的强者。

学会调整压力，接纳变化

能战胜压力的不是尖锐的强硬，而是柔韧的坚持。水滴石穿和石缝中的野草是最好的明证，健康心理的养成和学习成绩的进步也如是。孩子和家长关注的都是成绩和名次，孩子在很小的时候已经被反复耳提面命——要争气，要努力，要刻苦，这次80分，下次85分；这次第10名，下次前5名。这只是一种鞭策方式，不是实现不了就痛心疾首的折磨。

某位最近名声大震的家长传播教育经验的时候说："我不管分数，只问名次，这次第20名，下次必须20名往前，否则就棍棒伺候。"这样的要求合理吗？这样坚持下去，如果所有的家长都要求孩子必须进前5名，否则就会挨打，那么一个班里50个孩子，每次就得有45个要挨打了，就算第5名95分，第6名94分也要挨打，这不是疯狂是什么？现在这么多孩子心灵脆弱，不堪重负，动不动就轻生或离家出走，做父母的要反省，你的要求是不是人性化的。大人能做到只进不退吗？能保证事业、生活、爱情永远一帆风顺吗？未必！既然如此，又怎么能以如此苛刻的条件要求孩子呢？只要孩子在努力，在想办法取得进步，就意味着孩子还有希望。如果考第6名也要挨打，那只会把希望溺毙。别说第6名，就是第60名，我也不认为父母有权力打孩子。

适当的压力是生存必须承受的，就像羚羊的速度必须快过猎豹，羚羊才能活下去。但突破了极限的下场也是可怕的，那会导致羚羊猝死或者跌落山涧。

中学生心理负担沉重，学习压力大，个人生理变化和身体反应带来情绪影响，可能还有一些家庭和人际关系问题。孩子如何释放压力，缓解压力带来的沉重感，把压力控制在可承受的范围内，需要一些方法。

有时候孩子的成绩下滑，名次后退，告诉他不必过于自责，因为不可能永远进步，有第一名，也会有最后一名。分析清楚成绩下滑的原因，是学习兴趣下降还是课程难度增加，是杂事分心还是精神疲惫，有没有身体不适或生理原因。也让孩子把遇到的问题告诉家长，以求得到理解和帮助。

电影、音乐、运动、集邮、阅读、写作、摄影、绘画，这些和提高学习成绩没有直接关系，但可以放松人的心情，调节人的情绪。家长可根据孩子的年龄和理解能力，选择电影和阅读的内容。家长对孩子的这些爱好要理解支持，或者陪同他们进行，共同感受，这也是很好的交流机会。为了使孩子集中精力学习，家长可以对孩子发展兴趣爱好的时间有所控制，同时得尊重孩子的意见，如果他能保证不占用学习时间，则可以更宽容一些。健康的兴趣爱好，能缓解压力，放松身心，活跃头脑，促进学习。

家庭难免发生一些变故，有的孩子因为爷爷奶奶去世感到悲伤，有些孩子无法面对父母的争吵，有的孩子仅仅是不能接受生活水平的降低、零用钱的减少。孩子因为无法接纳变化，从而出现心理困扰。

生活环境、学习环境、家庭环境都可能变化，对变化要有泰然之心。小学升初中、初中升高中、高中升大学、搬家、换学校、好友分别、家庭成员增减，面对这些变化时要教孩子尝试接纳和适应。有些学生在大学开始的几个月很受煎熬，有各种心理不适或生理不适，他们甚至选择退学回家。这都是对环境变化难以适应所致。所以，孩子要调整心情，接纳变化，才能平稳过渡，父母要理解孩子正在经历的成长困惑，正在承受的精神压力，以包容而理性的态度对待，协助孩子应对变化，调整心情，重回轨道。

学会善意评价和自我平衡

有一天，苏东坡和佛印坐着打禅。过了一会儿，苏东坡睁开眼问佛印："你看我像什么？"佛印说："你像一尊佛。"佛印又反问说："那你看我像什么呢？"苏东坡故意气佛印："我看你像牛粪。"佛印微微一笑，没有反驳。回到家中，苏东坡得意地告诉他的妹妹，今天与佛印的对话。苏小妹听后笑言："佛印和尚心中有佛，所以看你如佛；而你心中有粪，所以看人如粪。"苏东坡方恍然大悟。

故事久远，无从考证，却说明一个简单的道理，你眼看你心。一个人如果能用善意的眼光看世界，那么满眼都是温情和希望；一个人如果他的眼睛只盯住丑恶和虚伪，那么他就会发觉人性肮脏不堪。

社会治安问题频发，违法犯罪现象不少，负面信息让人不得不提高警惕，火腿肠含瘦肉精，中草药被硫磺熏，黄豆芽用化工原料泡，短信诈骗地毯式轰炸。人们在看到这些负面信息的同时，也要看到，法制越来越健全，科技越来越进步，交流越来越便捷，人文精神越来越广泛传播，物质生活越来越丰富，观点越来越得以自由表达……

所以，人们在提高警惕少受伤害的同时，依然要有付出爱的能力和勇气。即使有伤害，也请尝试信任；即使有背叛，也请尝试原谅；

即使不够完美，也请尝试欣赏；即使是漫天风雨，也终会雨过天晴。

家长要在孩子的心灵种下希望的种子，告诉他们对自己、对别人都要心存善意，比如举手之劳的声援、力所能及的帮助以及真诚充分的沟通。不能因为张三欺骗我，我就可以理直气壮地骗李四；不能因为我不小心收到张假币，然后我再满不在乎地消费出去，心想"反正也不是我的错，反正也不是我印的，反正我也是受害者"。传递恶会让恶增殖，最终危害的是大众利益，大众包括每一个人；传递善会让善增殖，增殖的善如阳光雨露，会滋润到每一个人。更重要的是，付出恶的人内心难以快乐；付出善的人则在内心埋藏着喜悦，感到自己是个有价值的人，他给自己的评价也是正向的。

看见乞讨的人，不要断言他一定是不劳而获的骗子；有人高调慈善，也不要嗤之以鼻，断定他一定是为了出风头；地震海啸，对全人类来说都是痛苦的灾难，和政治无关；一个学生交通肇事后将受害人挥刀砍死，也不代表所有的 90 后都如此。

如果一个人总是看什么都不顺眼，怎样都不开心，以灰色眼睛看人间，失望和愤懑会吞噬他的心灵。不管在什么情况下，你都留下一点希望，给予一些鼓励，那希望和鼓励将是黑暗中的灯塔，照亮别人的视野，也温暖在尘世间漂泊的灵魂。

自我平衡，平衡自我。不失去重心，不迷路。

心理学所做的工作也无非就是"平衡"二字，情绪的平衡，心理的平衡，行为的平衡。有平衡才有健康，失去平衡则走向极端、偏执、强迫、焦虑、抑郁、恐怖，甚至精神分裂。

人可以换个角度，或者后退一步，或者用 20 年后的自己看今天，很多纠结可能就释然了，耿耿于怀的也就淡化了。人类发展至今不过二三百万年的历史，地球的存在也不过才 40 多亿年，一切都有开始和结束。跳开当时的纠结思维，把烦恼放在时光隧道里，再大的烦恼也无影无踪了。

王菲有首歌的歌词是：一百年前你不是你，我不是我……一百年后没有你，也没有我。

多富有，都有比你更富有的人；多艰难，都有比你更艰难的人。平衡了自我的内心，就不会再四处比较，不必再斤斤计较。和学习成绩一样，人只要努力做好该做的事就够了。至于第 1 名还是第 50 名，无所谓。善意的评价给你美好的视角，而自我平衡给你内在的支撑。

做性格通达、柔韧的人

相传当年大学士张英邻家造房占了张家三尺地，张家人不服，写信到京城求大学士张英解决，张英看完回信曰："千里家书只为墙，让他三尺又何妨；万里长城今犹在，不见当年秦始皇。"家人收到书信后立即按张英之意退让三尺，邻居见张大学士家人胸怀宽广，行事豁达，亦退让三尺，从此和睦相处。

孩子上了中学，有荣誉感是很自然的，但荣誉未必能光临到每个人的头上，过于计较得失，徒增不快。我们自己上学的时候，是不是也讨厌那些总是"出风头""拔尖""包揽奖项"的同学？假如对方再一副自命清高的态度就更招人烦啦。性格通达的孩子得之泰然，失之释然，自己不狭隘，也能以温暖、亲切的态度影响身边的人，赢得尊重和支持。

　　孩子的性格，很大程度上是遗传了父亲或母亲的基因，后天环境当然也有影响，但影响大小因人而异。我想说的是，性格内向并不意味着狭隘，外向性格和内向性格各有特点，各有优劣，无法得出简单的好坏结论。

　　性格通达，无论对性格内向的孩子还是性格外向的孩子都有裨益。所谓通达，即通情达理，通晓人情，明辨道理，宽容达观，不拘小节。

　　现在的孩子大多是独生子女，个个都是家里的宝贝，众星捧月般长大。他们上了中学，自我意识更强，喜欢拔尖的大有人在。有些孩子习惯了直来直去，不顾别人的感受，只图自己痛快。比如有孩子炫耀自己的名牌衣服，旁边家境困难的同学听了，心里能好受吗？有时候班里有人言语尖酸，性格通达的孩子一笑置之，睚眦必报的孩子却可能记恨在心。

　　中学生恋爱的也不少，失恋也是该年龄段人群自杀的重要原因之一。性格通达的孩子能尽早挥手而别，不纠缠、不计较，给彼此更大的空间和自由，不走极端。他们会给对方留下美好的回忆、送出真诚的祝福，然后各自继续正常的生活。

　　《菜根谭》云："不责人小过，不发人隐私，不念人旧恶，三者可以养德，亦可以远害。"意思是：不要苛责他人的小错，不要揭露他人隐私，不要念念不忘以前的不快，这样才能修养德行，远离祸患。这是古人所讲警世名言，也是达观之人的行事风格。

　　蔺相如与廉颇同朝为官，但廉颇不服，屡次挑衅，蔺相如却不愿正面冲突，处处退让，为保社稷，以和为贵。廉颇最终羞愧，负荆请罪。达观的蔺相如以退为进，化干戈为玉帛。

所以，性格通达的人以柔韧取胜，不会硬碰硬两败俱伤。父母要言传身教，做出榜样，对孩子的态度也要通达开明，以柔克刚。孩子进入青春期后，有种种"逆反"之举，其实正是他们在和这个世界进行磨合，此时需要父母给予引导和协助。

学会独立思考，消除偏见

爱迪生是迄今为止发明专利数最高的世界纪录保持者，他拥有1000余项发明专利。爱迪生在发明电灯时可谓百折不挠，他经历了无数次的失败才取得成功。后来为了延长灯丝的寿命，他又重新试验，试用了6000多种材料，才找到新的发光体——日本竹丝，它可持续使用1000多小时。

我们钦佩爱迪生发明如此之多，也看到所有发明的成功都是在无数的挫败之后。如果爱迪生没有独立思考的品质，他是不可能实现如此多的发明创造的。如果一个科学家、艺术家，一直让思维在受禁锢的状态下运行，一直信奉着过去的偏见，一直用"不可能"否定"可能"，恐怕直到今天，人类文明还停留在蒙昧的古代。

独立思考是一个逐渐认识世界、了解世界的过程；是一个听说了什么、看到了什么，然后独自消化的过程；是一个以中立的心态接纳观点，然后审慎判断的过程；是一个人最宝贵的坚持。

去年网络上曾经有个热议的话题——"孔融该不该让梨"，起源是一个语文老师的作业提问，有个孩子说"我不想让"，结果被判了个大红叉。让不让梨本没有标准答案，放大这个梨到成人世界，大家在荣誉、金钱、地位、成就面前都能心甘情愿地说"我愿意让"吗？未必。一切都有标准答案，造就的就是流水线上的螺丝，千篇一律，一模一样，毫无个性，毁灭智慧。

过去我们看《水浒传》，敬佩里面的英雄好汉，可是当看到原著里武松报仇的时候还顺手杀了丫鬟等无辜的人，我们还能为他的行为击掌叫好吗？是不是得就事论事？如果教育的结果就是让所有人都跪在权威面前机械背诵，我相信任何人的脑袋也拼不过两个 G 的硬盘，不就是比记忆力吗？有什么意思？这个世界需要创造，需要突破，需要以独立思考引领更科学、更光明的道路。

在迈向成功的道路上，有无数的挫折，面对挫折人们的本能都是起来，而不是倒下，为什么最终很多人倒下了呢？因为他们听到了一片嘘声。所有成功的人也听到了嘘声，却把嘘声当风声。所有的艺术家、发明家、科学家，如果都是听到嘘声就停步，人类的科学和艺术还能有进步吗？

独立思考，才能跳出樊笼，突破陈规，创新发明，实现自我；独立思考，才能不人云亦云，随波逐流，愚昧盲从，虚度光阴；独立思考，才能缜密思辨，探究真理，消除偏见，洞悉真谛。

身为父母，应当鼓励孩子独立思考，当孩子的想法和我们不一致的时候，先听听他的解释，是不是有道理。也许不成熟，但未必都是错的，家长可以挑出认同的部分加以肯定，再把不认同的部分拿出来讨论。当孩子有问题请教你的时候，不要把现成的答案立即奉上，能说三句不要说五句，能点拨一二就不要和盘托出，锻炼孩子独立解决问题的能力，让孩子养成独立思考的习惯，使他受益终生。

逆境生存，急流勇进

心理学家马斯洛的童年是悲惨的，他带回的流浪猫被母亲摔死，买回心爱的唱片被母亲踩碎，他与母亲几乎是水火不容。但他后来致力于心理学研究，关心人们的心理需求，从基本的生理、安全需要到社交、尊重乃至自我实现的需求。他本人更是怀着对人性的美好憧憬和乐观态度，成为人本主义心理学的主要发起人。

人的一生中一直会遇到逆境，晚遇到不如早遇到，俗话说"吃一堑长一智"，实际上逆境成材的例子很多，但大多数父母宁愿自己的孩子少经历逆境。孩子在父母的翅膀下确实能少受挫折，得到周全的保护，但父母不能永远保护着孩子。如果不在走上社会之前经历些挫折，或者没有受到过挫折耐受的训练，很难想象孩子如何独立生活。一个孩子该做的功课没有做，除了将来收获坏成绩，还必须得补课。有的孩子到了20多岁，自理能力依然很差，任性、缺乏责任感，导致他们不能正常参加工作，不能成熟地谈恋爱结婚，这就是一直没有心理断乳的表现，心理发育停滞在过去的某一阶段。

在逆境里，人有本能的进取心，那是为了生命的延续。在小角马的成长中，它要躲过狮子和鬣狗的追杀，要穿过鳄鱼密布的河流，要在长途跋涉的浩大族群中跟上妈妈的步伐。这些都促使小角马更强壮、更灵敏、更健康，也促使角马家族的基因发展，更适应生存环境。

家长可以给孩子创造程度适当的逆境，磨炼意志，鼓励思考。比如外出旅行，让孩子负责选地方、定路线、买车票、预订宾馆、采买用品、安排日程、收拾行李等。做父母的乐得省心，孩子乐得表现。在人生地不熟的地方，让孩子问路、找车、买饮料、点餐、结账，遇到困难先让孩子说说怎么办，这样孩子会觉得自己受到了充分的尊重和信任，自然更愿意主动想办法。

有的家长在孩子面前习惯包揽全部生活压力，口头禅如下："家里的事情不用你管，赚钱养家是我们的事，你只管好好学习就行了。"我也是母亲，自然能理解家长的良苦用心，但实际上这样做并不能让孩子真正安心学习。孩子爱父母，爱家庭，想付出关心，想尽一点力，应该得到支持。比如家庭经济条件不好，父母工作非常辛苦，可以让孩子适当承担部分家务，这样父母能轻松些，更主要的是孩子会在其中体会父母的不容易，更懂得自己是家庭的一分子，有责任帮助家庭摆脱困境。这样他们一方面会认真学习、早日成材，一方面会尊重父母、珍视亲情，同时也能有勇气面对未来生活的挫折。

在单亲家庭里，坚强、乐观的家长就是孩子的好榜样。家长可以和孩子说说心里话（态度要正面积极），比如"家里只有我们俩，咱们一起努力，妈妈会尽力照顾你，你也要照顾妈妈呀。"说这样的话是为了让孩子面对现实，放下精神包袱，集中精力解决问题，不必消极抱怨。每个人都有自己的生活轨迹，接纳、放下，继续赶路就是了。

懂得与人为善，团队协作

据史料记载，三国时期著名政治家刘备，为人谦和、礼贤下士，曾经三顾茅庐请诸葛，也曾经为张松牵马坠蹬。他宽以待人，知人善用，所以能团结到勇猛张飞、忠义关公、骁勇赵子龙等能臣名将辅佐，建立蜀汉政权，与魏和东吴三国鼎立。

如今中学校园里几乎都是独生子女，孩子们平时过的是众星捧月的生活，不善于团队合作，但未来的工作生活，不是高学历、高智商、好成绩能完全决定的，一个人能不能做出成绩，与团队合作密不可分。一个好演员也要有好的化妆师、灯光师、道具师帮忙，否则无人捧场，自己不舒服、不开心，表演也不会成功。

如果你在公司做了中高层领导，你要知道众人拾柴火焰高，借力使力，方能事半功倍。员工拥戴你，群策群力支持你才能创造好的业绩；如果大家都拆台，再有本事也得摔下马来。所谓独木难成林，家长们在社会上摸爬滚打，过了35岁之后，想做点事情少不了朋友支持。

孩子们在一起相处，家长的心态往往是怕自己的孩子吃亏——被人欺负了怎么得了？被人骗了多窝囊？凭什么好事都让着别人？自己不争取还不成了受气包？可以理解家长的担忧，但要给孩子自己处理人际关系的机会，不要事事替孩子出头。这样反而不利于孩子维系与同龄伙伴的关系。

要与人为善，首先是能吃得了亏，能吃亏才能享福。计较分毫得失的人不吃小亏，和任何人来往都只赚不赔，这样的人能有真朋友吗？相反，吃些小亏，大智若愚，身边的人都认为你是宽容大方、不拘小节的人，自然喜欢和你来往，互相帮忙也就顺理成章。这样说的目的并不是说为了占大便宜而吃小亏，而是一个人能吃小亏，不计较，自己心情好，态度就谦和自然，自然能赢得大家的喜爱。

要与人为善，对人保持起码的尊重。别人所言所行未必合你心意，但求同存异，彼此宽容才能构建和谐关系。有些问题短时间分辨不出对错，那么就放下问题，不再纠结。本着就事论事的原则，不把争论泛化，更不能党同伐异、人身攻击。

要与人为善，乐于助人，并且不求回报。常言说"赠人玫瑰，手有余香"，这样做一方面自己的内心获得满足和喜悦，另一方面也广结善缘，修身积德。有人说"路上的乞丐是骗子怎么办？可能比我还有钱，我为什么要帮他？"是的，我们无法火眼金睛看出别人的善恶，但至少我们能看出自己的善恶。帮助可能需要帮助的人，你付出了善意，得到了自我肯定——"我是好人"，就算对方真的骗了你，也是他的事，他以怨报德，损失的是他自己。不用别人的恶惩罚自己，也不因别人的恶而纵容自己的恶。

第四章

玩物不丧志，让孩子更快乐

健康的兴趣爱好，不但能缓解压力、陶冶情操，也会对孩子青春期的身心健康有良好的促进作用。相反，不健康的兴趣爱好或瘾症，则会轻易毁掉孩子的健康、信心、尊严和前程。

家长是孩子的监护人，也是孩子最可依赖的支持者、保护神，孩子沉溺在不良兴趣或瘾症的泥沼里，最需要家长的帮助和鼓励，家长不能因为爱之深而责之切。

孩子还年轻，未来的路还长，依然要相信他们，给予持续的支持、信任、鼓励，给予建议、帮助、保护。有爱就有希望，有努力就有进步。人非圣贤，孰能无过。过而能改，善莫大焉。

网络过度依赖

小齐上高中二年级，父母在两年前离婚，之后小齐和父亲共同生活。父亲去年再婚，继母带来自己正上小学的女儿。父亲白天忙于工作，晚上回来很晚，到家吃饭洗澡，简单说几句就回房睡觉去了。小齐的母亲离开这个城市，去了外地，很少打电话来，只是每月寄几百元抚养费。虽然班里有些同学的父母也离婚了，但小齐还是觉得自己的家庭状况让人难以接受。他不愿意在学校被人问起父母的事情，也不想放学回家和继母尴尬相对，有时候看见继母给自己的女儿整理书包、辅导功课，小齐就格外难过。有一次回家，看见父亲和继母一起从浴室出来，小齐觉得好恶心，再也不想和他们说话。小齐在网络上找人聊天，他畅所欲言，觉得安全而放松。在网上看不见对方的表情，彼此也不认识，遇到不喜欢的人小齐就直接拉黑。聊天累了他就玩玩游戏，在游戏中用枪械杀人积分，换取更好的装备，被人打死也可以重新洗牌，总有机会再来。小齐觉得在网络上杀人也不是真的，不过游戏而已，发泄了情绪，也转移了注意力。就这样，小齐开始越来越多地流连在网络世界，甚至逃学上网，造成学习成绩下滑。父亲发现后多次批评，小齐也知道这样下去考大学无望，但难以自拔。

网络过度依赖和网络成瘾不是一回事，有些家长一见孩子上网的时间长，成绩下降就马上非常紧张，采取极端手段控制，结果却并不理想。在家里不让孩子上网，孩子可能逃学去网吧，有的父母会狠揍孩子一顿来惩罚他，但伤好了孩子还要去，没钱上网他则可能去抢比自己小的同学的钱。孩子为什么要去网吧？因为他在网络里能得到满足，能找到不歧视自己的伙伴，得到宣泄的快乐，能打发无聊的时间，躲避厌恶自己的父母和老师。在孩子心里，他不是厌恶父母和老师，而是厌恶那个被他人厌恶的自己，所以找个角落藏起来，这样就能暂时感受不到别人的厌恶。

过度的网络依赖占用了大量学习、生活、体育锻炼、人际交往、家人沟通等正常的活动时间，长期生活在网络世界里，也会削弱一个人在现实世界与人交往的愿望和能力，这对身心发育正处于成长期的中学生来说，无疑是不健康的。这种上网和那些资深技术宅或专业宅不同，前者是漫无目的地消耗时间，弥补心灵空虚；后者有现实的目的、步骤、愿望，是在自己的专业领域里利用网络工作。

实际上所有对网络过度依赖的孩子，都不是从一开始就这样的，一开始他们只会开机、关机，打字都不会，当然谈不上过度依赖。就算后来学会了非常好玩的游戏，结交了网友，他们也不会把网络和现实对立起来，而是把网络当成现实的补充，仅仅是现实沟通联结的拓展。如果在此期间孩子不断遭受现实的打击和排斥，得不到认可，没有归属感，心灵的天平就要逐渐向网络倾斜。这时候家长假如再粗暴干涉，孩子只会毅然站到对立面去，保护自己最后的"精神领地"。

要解决网络过度依赖，需要先分析孩子到底要什么。网络依赖的背后一般都有更深层次的心理因素。伴随着网络依赖的往往还有其他问题，如厌学、自卑、人格偏激、情绪问题、情感障碍、神经症、人际交往问题、家庭问题等等，焦虑、抑郁、强迫、恐惧等症状也相应产生。所谓"网瘾"也称互联网成瘾综合征，表现为对现实生活失去兴趣，网上操作时间超过一般的限度，以上网来获得心理满足等症状。当网络依赖失控，对人产生负面影响的时候，我们就把它当作心理上的一种障碍来看待。网瘾如毒瘾，它通过消耗"多巴胺"，扰乱平衡系统，形成迷恋网络的现象。

小齐之所以形成网络过度依赖，与其成长环境和家庭变化有密切关系，父爱淡薄，母爱缺失，重组家庭的氛围不够融洽，老师也没能对小齐给予更多心灵关注，所以迷惘的少年自然转而逃进网络世界，在那里发泄情绪、寻觅温情。

要解决小齐的问题，可以尝试如下方式：

在家装电脑、安宽带，让小齐在家上网，但是得有时间限制，每天晚上不超过两小时，逐渐调整为一小时，半小时。上网内容可以从聊天和游戏开始，逐渐转化为听歌、看电影、资料收集、浏览新闻等，聊天和游戏也可以，控制时间就是了。这样做的目的是不要他去网吧，那里烟雾缭绕、空气污浊，有害健康，而且人员复杂、治安混乱。在家里起码是安全的，家长可以允许孩子关门上网，尊重他的隐私，但是到约定时间就敲门提醒"先吃饭好吗？""作业完成了吗？""早点休息好吗？"

让小齐的母亲经常打来电话，至少每周一次，每次十分钟到半小时，鼓励孩子努力学习，照顾好自己，注意身体，让小齐知道尽管父母离婚，但母亲依然关爱着自己。同时母亲还要定期和孩子见面，一起吃饭、散步、买书、买衣服、逛公园，就好像是她出差回来一样，尽量减少离婚给孩子生活带来的改变，这样能让孩子的心缓冲一下，逐渐接受现实，理解父母的决定。

小齐的父亲要多花点时间和儿子相处，关心他的生活、学习，也关心儿子内心的感受和未来的理想，这是身为父亲的责任。不要认为给饭吃、给衣穿、给学费就是尽到了责任，那些是法定的责任，除了法定责任还需要有正常的父子交流，有温情，有支持，有爱意表达。特别是对男孩来说，父亲是心中的榜样，就是孩子嘴巴逞强，内心也是尊敬、崇拜父亲的。男孩和父亲的关系会影响到他将来的自我定位。对女孩来说，与父亲的关系也会影响到她未来和伴侣的关系，很多女孩最后找的伴侣多多少少有些父亲的优点，而父女关系恶劣，也会给女儿心理打下烙印，不利于将来女儿的婚姻。

家长也要努力建立融洽的重组家庭气氛，让小齐辅导妹妹功课，让继母更关心小齐的日常生活，嘘寒问暖、多夸奖、多肯定，家庭中的不同意见要正面沟通，不能当面不说背后传话。同时也要小齐主动和继母改善关系，理解每个人的处境和心情，大家互相支持，付出真诚，定期全家外出活动，增进感情。在这点上，我们应该向欧美家庭学习，或者看看《家有儿女》的示范，做不到电视里那么好，也得知道大致方向。如今离婚率、再婚率都高，带孩子重组家庭的人也很多，再婚家庭成员之间的相处是个问题，人都有私心，很正常，能少一点私心多一点理解应该不难。况且既然已经是再婚家庭，每个成员也都是家的一分子，要尽量争取友好相处。尤其是父母，更要多考虑非亲生子女的心理感受，有时候对亲生子女能随口批评，对非亲生子女反而得注意分寸。或者是先表扬后提要求，或者是和伴侣一起和孩子谈心，孩子年龄小，但感觉灵敏，如果你是真心付出关爱，孩子是能感觉得到的，而孩子也会回报给你最单纯、热烈的感情。

如果孩子网络过度依赖已经达到非常严重的程度，则需要专业机构的专业治疗，从心理、生理、社会、医学多角度来进行系统帮助。在此之前孩子尽量不要脱离学校的正常学习生活，家长也不要到处散布孩子网络依赖的事情，表面上淡化，低调关注，帮孩子改进。大量成功案例证明，网络过度依赖是可以调整好的。

远离暴力文化产品

电影《大象》讲述的是两个沉迷网络游戏的中学生，在校园枪杀大批老师和同学的故事。电影表现的是一所普通高中的简单一天，时常受同学欺负的 Eric 和 Alex 在家睡觉，他们把日常生活中因轻视和打压所带来的痛苦，都宣泄给网络游戏和暴力崇拜，两人甚至从网上订购了枪支弹药，午睡醒来他们决定玩一场真人实战游戏。他们穿上野战军装，手持枪械回到学校，像游戏中演示的那样扣动扳机，把同学和老师一个个干倒在枪口下，看活人一个个绝望奔跑、躲藏、中弹倒在血泊中。

2011年4月7日上午，巴西里约热内卢市发生了一起校园枪击案，造成包括凶手在内的多人死伤。凶手24岁，曾是西尔维拉市立学校的学生。该校的学生主要是9至14岁的孩子。巴西总统罗塞夫对事件表示震惊。教育部长费尔南多称，此次"悲剧"前所未有。（来源：中国新闻网）

很多孩子受到暴力网络游戏的熏陶之后，转而在现实世界里实施暴力行为。我们觉得这很残忍、很不可思议，但孩子已经在游戏里习以为常，他们对伤害后果或要承担的责任缺乏认识，好像那只是游戏的继续。这里就引发了两个问题，一个是我们的孩子可能成为对他人施加伤害的人，另一个是我们的孩子可能成为受害人。毕竟孩子之间的交往是长期的，在学校、网吧、公园、运动场所、游戏场所，他们总要与人接触、交往。作为家长，我们该如何确保自己的孩子不受到暴力网络游戏的影响，成为游戏中的暴力犯？又如何教我们的孩子注意保护自己的安全，远离可能的伤害呢？

家长首先要做的是尽量让孩子少玩暴力网游，可以换些益智类、探险类、科普类或审美类游戏，在有条件的情况下可以和孩子一起玩，这也是难得的亲子交流方式，同时还能分享乐趣。如果孩子玩的游戏我们插不上手，起码建议他们少玩暴力游戏，因为这类游戏对人是有心理暗示作用的。让我们的孩子少玩暴力游戏，也是减少其暴力倾向的方式之一。

有一个角色扮演的心理学实验很有趣，随机选取一些被实验对象，让他们分别穿上护士服饰、暴徒服饰和警察服饰，测试结果证明人们所穿的服饰对其心理产生了暗示作用，穿护士服饰的人更有同情心，穿暴徒服饰的人更倾向用暴力解决问题，穿警察服饰的人更富有正义感。同样，听不同类型的音乐、看不同类型的电影，甚至看不同人物的传记都会对人的心理产生不同的影响。

除了充斥暴力元素的文化产品之外，新闻里的各种案件报道，会再次放大危机产生的可能，很多孩子从前并不知道用怎样的方式表达自己，宣泄情绪，但是新闻的报道反而对他们起到了暗示作用、榜样作用，好的事物有榜样效应，坏的事物也有榜样效应。

被报道的案例仅是冰山一角，校园暴力每天都在发生，而且这些暴力行为不仅仅是男生专属，越来越多的女生也参与其中，年龄越来越小，手段越来越耸人听闻。大众在新闻事件面前更关心受害者的痛苦和权益，其实施暴者也同样是青春期的孩子。受害孩子确实需要帮助和支持，但那些对别人施加伤害的孩子，本身又是如何走到这一步的呢？

作为家长，我们有责任引导孩子选择适合其年龄特点和身心发展阶段的文化产品，包括但不局限于网络游戏，电影、音乐、书籍等都是孩子会接触到的文化产品。我们可以尽量给孩子提出建议，而不能直接把自己的决定强加给孩子。我们可以把自己的看法和为什么这样做的原因讲给孩子，求得理解支持。孩子其实也很需要我们的建议、帮助、支持，有父母信任支持，好过独自误打误撞。

受到暴力伤害的孩子，能不能走出心灵阴影和身体的痛苦，要看受害的严重程度和后来得到帮助的情况。同样，施暴的孩子不但要面临法律的处罚和舆论的谴责，随着年龄的增长，他们能否重新正确认识自己的行为给别人带来的伤害，以及自身行为问题的心理根源，将决定他们未来是放下屠刀还是变本加厉。

很多问题学生来自破碎的或重组的家庭，父母的忽略或者过分溺爱都可能是问题的原因，药家鑫向记者诉说童年练琴被父亲殴打造成了心灵阴影，尽管这不能成为他交通肇事伤人后，再捅受害者八刀的借口，但这也从侧面向人们揭示了一个问题少年成长中被忽略的问题，如果在孩子的成长中，家长给予的仅仅是成绩督促和艺术教育，就会使孩子缺乏爱心和责任感，甚至丧失起码的做人底线和道德水准，那么即便是天之骄子也会夭折在人生风雨中。

情绪冲动之下的青少年在施暴的时候只顾痛快，全然忘记事后将面临的结果——伤害别人，自己也必然受到惩罚。有些人在施暴后害怕被追究责任，反而犯下更大的错误，杀人灭口，毁尸灭迹。今天的科技水平和侦查能力往往令罪犯无处可逃，再高明的掩饰也难逃法网。罪行轻者被追究经济责任，重者面临高额赔偿和刑事责任，以及一生的痛苦烙印。所以，冲动的少年当三思而后行，也要在电影中反思，在新闻案件中反思，如果事情发生在自己身上怎么办？如果自己伤害了别人的身体甚至生命，那是正义吗？能带来成就感和别人的尊重吗？施暴者都有自己的原因，自身的、家庭的、学校的、社会的，但无论什么原因都不能成为伤害别人后开脱罪责的借口，更不是非法剥夺他人自由和生命的理由。青少年也许有很多事情并不如意，但这是每个人都要面对的问题，处理不如意的环节，且不失去道德和良心，才是明智之举。

在遭受伤害的时候，孩子该如何顺利脱险保护自己呢？

2012 年 4 月，成都某校男生陈某在网上观看了大量黄色电影后，持刀抢劫一同校女生，并将其拉到学校附近树林准备实施强奸。女生急中生智，佯装心脏病发作，逃过一劫。近日，郫县法院以抢劫罪和强奸罪判处陈某有期徒刑 4 年零 6 个月，并处罚金 2000 元。(来源:《华西都市报》)

案例中的女生真是不幸中的万幸，临危不乱，成功逃脱。

遇到严重危险的时候，冷静下来想办法保护自己是最重要的。我们在日常生活中需要借助案例或电影情节向孩子说明一些可能的逃生方法。装病、装死、求饶、假装配合、承诺不告诉别人等方法都可借鉴。

2012 年 4 月 11 日晚 8 点多，温州闹市区街头一个劫匪钻进一辆白色路虎车，路虎车里有个 4 岁的女孩。随后，很多路人停下车，加入救孩子和抓劫匪的行动中。一个穿着睡衣的女人拉开车门对车内的劫匪说了句话，然后劫匪就放下被劫持的人质逃跑了。这位女士瞬间成了轰动网络的"睡衣女侠"，她当时对劫匪说的是："你赶紧跑吧，110 马上到了，把孩子放下，你跑吧，我们不抓你……"劫匪最后被抓获了。(来源：浙江在线新闻网站)

女侠虽然不是谈判专家，但她确实很聪明果敢，一语中的，说到劫匪的心里，而且她的话是站在劫匪的立场说的，让他逃生去。当时劫匪被人群围住正是孤立无援的时候，他内心也是很害怕的，一旦有人打开车门鼓励他逃走，他立即抓住机会下车了。虽然最后劫匪被警方抓获，但他的行为属于犯罪中止，所受到的处罚比绑架罪轻多了，还真应该感谢女侠的指点。

如果我们的孩子遇到绑架、限制人身自由这样的问题，该怎么办？

我们要告诉孩子，最重要的是别慌张，也别激怒对方，可以试探性地谈判，说服对方放弃侵害，赢得对方的信任是上策。其次是孩子平时就要有自己的朋友圈子，互相帮助，经常一起活动，避免单独行动被胁迫、受伤，遇到危险，也有朋友能尽快通知学校或警察。如果同学、伙伴、朋友里有人暴力倾向明显，短时间内又不可能完全无联系（比如同班同学），那么不要和这样的对象发生直接的冲突，也不要和这样的孩子称兄道弟假装亲密。因为关键时候你可能脱不了身，非要脱身又会激怒对方，只保持一般关系就可以了，不好不坏，不刻意疏远也不刻意亲近。以前有过报道，一群孩子在山上活埋一个同学，"老大"威胁说谁不跟着埋，就跟被埋的孩子一起埋到坑里。

暴力倾向明显的孩子通常比较敏感，有些还可能有反社会型人格基础，平时看着讲义气，翻了脸却能立即辣手无情，甚至很小的矛盾也能引起激烈冲突，不顾后果，跟其关系太好的人会被殃及，跟其关系太坏的人则可能直接受害。

如果孩子已经被人威胁勒索过，家长就不能再完全置身事外，听凭孩子自己解决。有些问题是孩子自己解决不了的，家长可以轮流接送孩子或者直接报警，必要的时候也可考虑转学。如果需要老师的帮助，家长需要私下和老师商量好处理的方式，不要让老师在课堂上或办公室里公开对孩子说教，只有充分尊重孩子的尊严，顾及了孩子的感受，才能形成合力，解决问题。

戒除毒瘾，瓦解虚无

小刘17岁，初中没毕业，离开学校后闲散在社会上，父母也曾想办法让他去学点手艺，以后好养活自己，小刘看到有广告说交两三万学费可以成为网络精英，就央求父母送自己去学习，结果一年过去了，他只学会了简单的上网和打字，而家里再也没钱让小刘继续尝试。父母明确地说，只管小刘吃饭住宿，其他的让他自己解决。因为年龄小，找工作不容易，于是小刘经常混迹网吧和歌舞厅。小刘吃饭住宿可以回家，零花钱却没着落。

一次小刘和几个同样混社会的少年在某歌厅认识了一个号称很有门路的"陈哥"，当晚碍于面子，也出于好奇，就跟着陈哥吸了点儿粉，结果从此染上毒瘾，难以自拔。没有毒资，就帮助陈哥"倒粉"，也拉其他年轻人下水。虽然小刘知道这是犯法的，但禁不住毒品的诱惑，又需要钱继续吸毒，同时也不敢违抗陈哥的命令，只好继续以贩养吸。小刘还趁父母不在家，偷了家里的东西变卖，所获不多，又把眼光转向亲戚和邻居。母亲得知后以寻死来威胁小刘戒毒，小刘也答应了，但他控制不住自己，从戒毒所出来没几天又继续贩毒吸毒。直到贩毒的陈哥被警方抓获，小刘也和其他贩毒少年一起被一网打尽。

据公安部门的数据显示，中国吸毒人数从1991年的14.8万已经上升到2004年的114.04万人，这还是有案可查的显性吸毒人数。其中，中学生占74%，每年吸毒致死2.5万人。如果根据惯例按"每发现1

例显性吸毒者,实际上就有 10 例隐性吸毒者"计算,其数量更加惊人。

为什么这么多人成为毒品的俘虏,明知危害健康还要亲身尝试呢?为什么吸毒人群绝大部分是中学生,而且以结伙吸毒,以贩养吸为标志特征呢?为什么深受毒品之害,也愿意尝试戒毒,但综合复吸率却高达 80%?

电影《猜火车》叙述的是一群吸毒少年的故事。

主人公马克是个吸毒青年,与他同居在一起的有西蒙、丹尼尔和少女爱丽森,小婴儿唐恩是爱丽森和他们中的某个人所生,因疏于照顾而死亡。他们的交际圈子还包括不吸毒的汤米和暴力狂"卑鄙"。马克戒毒,并找到工作,回归正常生活,被警察通缉的"卑鄙"和西蒙来到伦敦,依靠马克生活。之后他们返回故乡参加汤米的葬礼,吸毒成瘾并屡次被女友拒绝的汤米死于艾滋病。

"卑鄙"用马克的四千英镑购买了些毒品,并让马克验货,之后他们带上刚出监狱的丹尼尔和西蒙一起回到伦敦,卖了一万六千英镑。当天夜里住旅馆,马克偷了"卑鄙"的钱袋离开。马克给丹尼尔留了些钱在他的柜子里,自己开始走向新生活。

2011 年 4 月 12 日晚,5 名辍学少年因作案被广东兴宁公安分局民警抓获,他们已经记不清一共作案多少起。在随后的尿检中,民警发现这伙人中有 3 人染上毒瘾。年龄最大的当时才 17 岁,最小的才 14 岁,都是辍学人员。(来源:人民网)

中学生正处于身心发育的高峰时期,对外界事物有所认识但认识又不全面,往往喜欢探究,追求刺激。很多孩子的父母并不吸烟或吸毒,但在学校的卫生间里，一人放风看着老师，一群孩子藏在死角里抽烟已是平常事。抽烟成了一种群体仪式，孩子们以此证明自己是圈子中的一员，好得到大家的接纳。吸毒同理，通常是孩子在和朋友一起去酒吧、KTV的时候，出于"好奇"和"面子"沾染上的。

大部分吸毒的少年都是从抽烟越界到吸毒的。他们好奇，想尝试传说中舒服的感觉，他们相信自己可以控制局面，好像玩火的孩子，以为一个灭火器就能控制火海蔓延，与其说孩子是自信，不如说是无知。

他们要用自己的方式说明，自己不再是跟屁虫，不是毛头小孩，他们能，他们敢，他们可以。最后他们终于发现自己跌入了陷阱，能走出陷阱的人很少，大部分人都就此葬送了人生，不断戒毒，又重新吸毒，为了有钱继续吸毒，采取极端的手段，犯罪、卖淫、贩毒，这些都是他们在幼儿时期没想过的，也是他们的父母完全没有勇气想象的。最初他们不过是青春迷惘、对生活不满意，不过是出于一点好奇和冲动，逞强斗勇，后来才是真正的失足。他们以无可挽回的代价，换取虚幻的满足。

少年吸毒有些是因为内心的苦闷，有些是出于好奇，有些是因为被欺骗，有些是为了显示自己"牛""酷"，但最后的结果都是沉湎其中，无法自拔。也因此他们离开现实生活，坠入地狱般的身心折磨。他们为了筹措毒资而贩毒、抢劫、盗窃、卖淫，能成功戒毒的人很少，所以家长务必在此问题上对孩子再三强调，坚决申明禁毒立场。

人的一生会面临无数次选择，每个选择都是一次转折，正是这些转折形成了我们最终所走的路。所有人都在选择中继续生活，每天每时每刻，每个人都在找最适合自己的路，做出自己的选择。

不得不说，选择让人迷惘，尤其对中学生。成年人、父母、老师、社会、文化，也许可以告诉中学生选择的能力很重要，但这个时代发展得太快了，来不及给人太多解释。于是成年人代替中学生做出了选择，再把选好的答案直接说明，要求他们当作圣旨来背诵执行。当然，成人的初衷是好的，可中学生却因此觉得自己是木偶，并对其他要面对的选择也惶恐迷惑，他们没有回来和成人交流，也没有去学习选择的能力，就匆忙地选择了。有些选择是有问题的，可是成人发现的时候已经太晚了，付出代价已经是必然。

是的，那些选择也许够无聊，梨、苹果、牙医、保险、垃圾食品、环境污染、工作、孩子、公园散步等等，但那些是真实的生活，是属于每一个人的人生。假如你愿意，还可以加一些自己喜欢的元素，比如慈善、理想、足球、烹饪、幻想，或者随便什么。真实的生活让人惶恐，其实成人也一样，只不过成人用自己的方式挺了过去，而中学生正在坚持或妥协的路上游荡着。

面对来势汹汹的毒品问题，家长能做些什么呢？

首先，家长应及早告诉孩子毒品的严重危害，切不可因好奇而尝试。可以用一些现实案例、影视作品、新闻事件帮助说明，多角度地让孩子了解毒品的危害。吸毒少年因好奇心驱使而尝试吸毒的占70%，好奇加盲目自信导致很多人沾染毒瘾之后无法自拔。一位一线缉毒警察说："很多孩子都觉得吸一次没什么，哪能有那么大瘾呢？却不知道毒瘾发作时那种爆炸的欲望，就像饥饿的200倍那么痛苦。结果所有因为好奇吸毒的人都染上毒瘾，接着边贩边吸，踏上不归路。"

其次，父母要起到正向的榜样作用。调查显示部分中学生染上毒瘾是来自家庭影响，其父亲或母亲本身就是"瘾君子"。有的孩子是因为缺乏关爱，心情不好，借助吸毒换取暂时的生理快乐，然后陷入更深的痛苦情绪，恶性循环。所以家庭的正确引导，父母的言传身教和对孩子的精神关怀缺一不可。有些孩子看外国电影，觉得别人能吸大麻，自己怎么就不能吸点冰毒？用缉毒警的话来说，"天然的和化学的毒品之间是有差异的，现在新毒品不断出新，越来越疯狂，而且有些贩毒的人为了多赚钱，把墙灰抠下来掺在毒品里卖，结果注射毒品的人注射了毒品加墙灰，意外死亡也是经常的事。"

第三，告诫孩子远离毒品诱惑。在吸毒中学生中，因为身边的朋友吸毒所以自己尝试了一下，或者为了在朋友面前有面子、合群而吸毒的占70%以上。这也就是结伙吸毒如此普遍的原因。他们因吸毒而形成了属于他们自己的世界，自己的圈子，甚至自己的"文化"。帮助中学生选择益友，远离"损友"，同样是防止他们"被吸毒"的一种措施。家长要了解孩子身边的朋友，和孩子的朋友也成为朋友，知道孩子的社会关系。俗话说：物以类聚，人以群分。你想成为什么样的人，就和什么样的人在一起，就是这个意思。

最后，对身染毒瘾的孩子，一方面要借助专业戒毒机构的帮助，另一方面也要从家庭角度给孩子更多情感关怀，同时为他们提供重新回归社会、回归校园的机会，不要歧视排斥他们，才能让他们真正找回失去的希望和尊严。

戒毒之后可以考虑换个生活环境，远离过去的社交圈子，重新建构人际关系系统，这一切都离不开父母持续的支持和鼓励。

专业戒毒机构有各种方法和药物，帮助吸毒者从生理上解决对毒品的依赖。但心理学关注的是当事人自己力所能及的部分，在事情开始之前就进行干预，在已经开始的时候悬崖勒马，在深陷其中的时候能绝地求生，在反复失败之后能重新努力。

换言之，心理学能做的是关注心灵毒瘾——那些被虚无颓废淹没的堕落青春和破碎心灵。中学生处在青春期生理发育的高峰期，心灵世界也在急速扩张，他们更多关注自我体验，对过去成人教导的一切开始了独立反思和重新判断。但他们生活经验有限，对海量信息和未知人生难免迷惑，焦虑之下可能会选择新鲜刺激的方式来排解，或者为了感受，或者为了突破，或者为了逃避，但没有人一开始就是为了堕落而堕落，与其说毒品带来了奇妙的感官享受，不如说毒品就此拉开了个人与现实生活的距离。

用更开阔的视野去关注各个阶层的生活，跳出个人生活的小范围，是重新思考的契机，也是打破迷惘的最经济高效的途径。然而这不是一日之功，如果一个人长期生活在自私自我的世界里，是很难理解另外一些生存状态和处境的，他们需要在成长过程中得到情感的滋润，种下温暖善良的种子。

农民工每天在艰辛中求生存，只要能吃饱肚子，能拿到工资养活妻儿，就满足了；母亲想念远方的孩子，只要一个简短的电话或者片言只字的消息，就满足了；山区的孩子，风雨无阻步行几个小时，只要能到学校学习，能每星期吃一次肉，就满足了；全世界的人，有一半还在饥饿边缘，有些地方正经历战争或自然灾害，比较那些深沉的痛苦，眼前个人所经历的事情的确是沧海一粟。

即便是非常恶劣的情况，也还不是最恶劣的，所以希望还在，还值得努力改变。很多虚无来自无知、自私、视野狭窄、心灵闭塞，很多虚无来自胆怯、茫然、对自身价值无法肯定，来自从不懂得付出、一直在索取、一直在得到，而欲望是永无止境的，这样下去，孩子终究会陷入失望和失落。

没有什么比脚踏实地的生活更让人有安全感、存在感，那些当前的迷惘也终会在边走边找寻中得到答案。海量阅读、外出旅行、体育运动、广泛的兴趣、健康的社交都会充实人的头脑，也滋养人的心灵。

虚无不是魔鬼，纵容虚无才是为魔鬼开门。

生活并不荒谬，妥协和逃避才是最大荒谬。

消极、懒散、厌学的解决方法

小夏已经上初三，为了考重点高中，父母严格控制着她的一切课余时间，几点放学，几点到家，用餐多久，什么时候开始写作业，写完作业复习、预习功课到几点，在和谁打电话，手机里的短信是什么内容，为什么放学晚回来半小时，和同学看场电影门都没有。在学校也差不多，每科老师都追问作业和成绩，小夏和同学聊会天都会有犯罪感，周末老师留了堆山填海的作业，她好容易写完了还要去上补习班。小夏经常问自己，上重点、考大学、找个好工作就是唯一的路吗？考不上就不活了吗？老师们说话千篇一律，同学们各行其是，有人拼命学习，有人吃喝玩乐，有人沉溺游戏，有人忙着恋爱。小夏很怕星期一，又要回到学校去，面对不喜欢的班主任，面对油嘴滑舌的男生，她也不愿与讲吃穿、斗名牌的女生争风头。可是在家里也很闷，父母不理解自己，只是唠叨着提高成绩，描绘考不上大学的悲惨下场，他们好吃好喝供养宠物一样地对待小夏，却不关心她内心的焦虑和茫然。小夏对朋友说，自己很孤独，很无助，念不下去书，成绩下滑了很多，心情越来越郁闷，根本打不起精神看书，好像是坐下来看书，其实她一小时没翻页，感觉时间都白白浪费了，她也着急，可就是无法集中精神看下去，晚上听听歌两个小时就过去了，周末恨不得直接睡48小时，一想到学习就更觉得困，有时候甚至想自杀。

2012年高考期间，据说有的家长为了给孩子创造安静的学习环境，把家附近池塘里的青蛙都毒死了；有的家长守在考场门外拦截过往的汽车和行人，目的是阻止噪音干扰孩子考外语听力。高考前后都有孩子自杀，或者是因为担心失败，或者是因为精神崩溃。这些真该引起所有家长深思了，不反省的话悲剧还会一再上演，明年、后年，说不定哪天就轮到自家身上。

身为父母的我们也是从学生时代过来的，应该知道中学生的心理特点和承受能力。现在，越来越多的中学生厌倦学校教育，又岂是高压政策能解决的？面对孩子积聚的负面心理能量，需要家长正常的持续的疏导，让孩子首先有个健康积极的心态，之后他才能改善学习方法，提高学习成绩。如果应试教育的大局是短时间内无法改变的，家长们也要高瞻远瞩，十年之后孩子工作、生活是否幸福，很大程度上是由其承受能力和看问题的角度决定的，而不仅仅是考试分数能决定的。

对学习生活的厌倦，几乎是大部分经历过学生时代的人，都曾经有过的感受，只不过程度不同，或者时间长短不同。何止学生，成人也如此，对一成不变的生活感到倦怠，缺乏激情，对例行公事的程序感到无聊，想抽身而去。这些是正常的心情波动，是可以理解的，但我们都不要忘记，孩子就在几年前还不是这样的。当孩子小的时候，他们充满了好奇，什么都想尝试一下，根本顾不上危险不危险。他们最开始学认字、学算术也是乐在其中的，总能带给父母惊喜，孩子自

己也很开心。只是渐渐地，父母的督促越来越简短生硬，不能分享孩子探索的乐趣和解决问题的过程了。我们一刀切地要结果，孩子也不再沉湎于学习过程中的乐趣，而是过于关注大考小考的成绩和名次能否得到老师和父母的表扬，或者会不会被责备。为什么有的孩子能连续几天几夜打游戏？那是因为兴趣、爱好、成就感，而不仅仅是过了几关，得了几分，游戏过程本身就引人入胜，让人有身临其境的感受。

孩子的厌学情绪有的是因为学习成绩不良而失去信心，有的是因为不喜欢某科老师而"厌屋及乌"；有的是因为内心苦闷，无处发泄影响到学习的热情；也有的孩子是对师长的过高期望不堪重负，表现出来的行为则是对学习没兴趣，看书本如天书、作业似刑罚，心情压抑，挫败感严重，渴望自由，但又茫然无措。也许孩子本身并不是不喜欢学习的过程，而是不喜欢父母对成绩和名次的过分关注，不喜欢变成考试机器。最近看了部有趣的美国电影，电影中孩子们抽签决定自己要扮演的历史人物，有人抽到罗斯福总统，有人抽到篮球明星迈克尔·乔丹，有人抽到作家马克·吐温，不管抽到了谁，孩子要回家查找这个人的生平资料、主要成就或者经历过的有趣的事情，然后扮演这个人，在学校里表演。孩子们都很开心地准备，然后兴高采烈地在大家面前表演，家长当然也帮忙找资料，准备演出服装，并亲自到学校观看演出。我相信这样让孩子们记住历史人物的方式，比给一张打印好的名单和主要事迹有趣得多，学习效果也明显。

案例中的小夏，因厌学而消极，因消极而懒散，然后恶性循环。进入青春期的女孩，生理变化对心理也有一定影响，有时候不是成人有意拒绝与之沟通，而是青春期的女生开始有意识地自我封闭、自我保护，她们更可能因为一些精神压力而陷入不良情绪的困扰。有些父母羞于和青春期的孩子谈论正在发生的生理变化，这完全不必，回避并不能解决问题，只是敷衍而已。可以由母亲和女儿、父亲和儿子来进行此类谈话，或者请同性别的老师帮忙。如果父母不善于观察，不懂得及时疏导，不会帮孩子处理情绪垃圾，则真的可能导致更严重的后果。有的女学生不懂得采取安全措施，把孩子生在了卫生间里，又亲手溺杀自己的孩子。发生如此残酷的人伦惨剧，不能不追问女学生的母亲，是否及时给予孩子青春期的教导。

解决小夏的问题，可以尝试不同的方式。

家长要经常和孩子交谈，倾听她的苦闷，倾诉本身就是一种压力释放的方式。如果孩子是对非常信赖的人倾诉，又得到温暖的回应和尊重，那么不良情绪就会有所削弱。有的家长说，"孩子不愿意和我说呀，一问三不知，或者干脆不吭声，让我怎么办？再说这么小的孩子能有什么心事？不愁吃不愁喝的，不就上学念书吗？大家都这样过的，别人都没事，偏偏你发愁，奇怪不奇怪？"面对这样的问题，我得说，请家长别着急条件反射，您到底爱不爱您的孩子？您是不是孩子的家长？如果您爱孩子，就请听听孩子的心事，因为那是他需要的；如果您是孩子的家长，那么您有责任帮助孩子度过心理困境，您自己的孩子您就得操点心。至于孩子不愿意说，我相信不会天生如此，一贯如此。回想一下孩子小的时候爱和您聊天吗？您是怎么回应的呢？父母是孩子生命的缔造者，是孩子最亲密、最信赖的人，孩子当然希望得到父母的支持和帮助，但假如经常被父母打断谈话，或者总是得到冷嘲热讽，谁还愿意一再受挫呢？如果您说这些问题都不存在，您家孩子就是性格问题，和您的回应习惯无关，那么好，您可以先对孩子说说您的心事，您学生时代的烦恼和隐私，对孩子来说，能分享秘密的人是值得倾诉的，您的努力会得到丰厚回报。

告诉孩子，考重点高中、上名校、找好工作不是唯一的路，仅仅是众多人生道路中性价比较高的一种，比较寻常的一种。学习是一辈子的事，即使将来工作了，依然要有不断学习和进步的能力，才能跟上时代，才能更好地工作和生活。目前的学习一方面是学些基础知识，另一方面还要形成学习规律、掌握学习方法。明确告诉孩子，努力就好，不管最后能否考上重点高中，父母都会一如既往爱孩子，支持孩子，相信孩子的能力和品质。这样就等于稍微调整了孩子的压力方向，表明父母是接受不同的可能性的，那么孩子也该可以接受不同的可能性，上了好高中更好，上不了也没关系，普通高中也不错，时间更自由，发展更多元，压力也小得多，对身心健康有好处。孩子能放松精神，就不那么焦虑，也就不那么排斥学习了，反而效果会好些。举例来说，在一个宽阔的广场上，用粉笔画一条长100米，宽30米的"桥"，谁都能走过去，且不会掉到"桥"外。假如把这座桥架到山顶悬崖上，还有几个人有勇气尝试走过去呢？同样的长度和宽度，行走的勇气和效果差别很大，区别就是心理感受的差异。

家长要给孩子一定的自由时间，除了学习也做些自己喜欢的事情，看点书或听听音乐，和父母或同学去看场电影、打打球、爬爬山，让孩子的课余生活成为情绪调节的途径，也让孩子的大脑得以休息。父母多和小夏聊聊天，聊些轻松愉快的话题，如新闻、生物、旅行等等，聊到学习的时候轻描淡写、一语而过，主要是倾听，少些"你必须""你应该""你一定"，多些"也许可以那样""是否能考虑""相信你可以"。不管是搞技术开发，还是搞艺术创作，都离不开想象力和创造力。一个在学生时代就被剥夺了大部分自由的人，能指望他将来发挥出卓越的创造力吗？我们总是怪国内教育不出高水平的创造型人才，却不反省孩子的创造力早就和自由一起被杖毙了。

让孩子在同学中选择一些和自己性格相投，爱好相近的人多交往，学习上可以互相切磋，有苦恼可以互相倾诉，有乐趣也能分享。学校不仅仅是学习知识的场所，也是中学生开始社会化的关键。懂得人际交往的乐趣与美好，能够鼓舞人在社会上生存和努力的信心。去年有高调人士发表怪论："孩子在 18 岁前只有同学，没有朋友。"这样的观点居然赢得了不少家长的认同。孩子不是机器人，每个人都有自己独立的人权、独立的情感，没有人能以爱之名干涉别人的自由思想和基本权利，只要不犯法，其他的都得商量、讨论、讲道理，而不能命令、强迫、棍棒伺候。心理学很强调一个人的社会支持系统，这个支持系统包括物质的和精神的帮助，而系统的组成包括了血缘关系、亲密关系、社会关系。血缘关系主要指父母和兄弟姐妹；亲密关系主要是指恋爱对象和好朋友；社会关系相对宽泛，泛指一般的同学、同事、客户等等。一个心理正常的人不可能只有泛泛的社会关系，那样容易使人冷漠、孤独；也不可能只有血缘关系，那样容易使人狭隘和封闭；更不可能只有亲密关系，因为在亲密关系中比较容易感情至上，使人失去理性判断。对中学生来说，这三部分的人际关系都是必要的，组合在一起才形成健康的支持系统。

我们要鼓励孩子给自己一些心理暗示，"我只是偶尔想放松，内心还是很希望知识渊博的。""老师说我很聪明，如果把学习方法改进一下，成绩也会进步。""爸爸很疼爱我，批评我是为我好，良药苦口嘛。"当孩子能用正向的观点去解读人生时，他将生活在阳光和希望里，不管孩子最后能否取得让人瞩目的成绩，至少每一天他都是朝气蓬勃、满

怀热情的。正向能量的持续积累，也会聚沙成塔，让孩子形成乐观性格，因乐观而坚强，因坚强而勇敢，因勇敢而进步。大家都在说，现在的孩子抗压能力差，为什么我们小时候被揍一顿，第二天就像没事人一样了，可是现在的孩子被多说一句，都闹着要离家出走？因为现在的孩子比过去面临的心理压力更大，生活的圈子却狭小了，朋友不像我们从前那么多，那么亲密了，接触的信息量也是从前的成百上千倍。

最后我们要帮孩子学会用阳性强化的方式对待生活，放大生活中的美好，适当奖励他取得的进步，不吝啬表扬的话，除了学习之外也要肯定他的其他优点。让孩子能欣赏自己，爱自己，也把这份欣赏和爱用笑容展露出来。孩子也许不够聪明，但很努力；也许不够强壮，但很健康；也许不够美丽，但很善良；也许不够勇敢，但很真诚……诸如此类，找到强项，让他发现自我的价值。这些将取代曾经的消极和懒散。一个对自己有价值认同的人，会更认真、更积极地面对生活，也会努力呈现更美好的状态面对生活和他人。

用美好的音乐滋养心灵

电影《放牛班的春天》讲述的是音乐老师和学生之间的感人故事。

著名音乐家皮埃尔回到法国参加母亲的葬礼，接待了童年朋友贝比诺，他们曾经在同一所寄宿学校生活过，并在那里遇到了改变他们一生的人——音乐老师马修。

马修的日记把皮埃尔和贝比诺的记忆带回1949年的法国乡村，那时他们还都是顽皮而天真的孩子，和其他一些男孩一起被先后送到池塘底教养院，那里有冰冷的纪律，有校长哈桑和老师们残酷的惩罚。孩子们在那里的学习生活沉闷压抑、毫无生机，直到音乐老师马修到那里代课。他用音乐启迪孩子们的心灵，关心孩子们的理想，尊重孩子们的人格。马修组建了合唱团，连最小的孩子贝比诺也被安排当曲谱架，每个孩子都在音乐中感受到美好和快乐。

因校长的误解而蒙受不白之冤的学生蒙丹，悄悄纵火焚烧学校，那天马修正好带着孩子们去野外游玩，所以学生都幸免于难。校长却解雇了马修，并不准他和孩子们告别，当马修走到学校院子里的时候，写着离别赠言的纸飞机纷纷从窗口飞下。马修离开的时候是星期六，他带走了孤儿贝比诺，并将他抚养成人。

电影中的蒙丹毫无疑问就是被贴标签的牺牲品，皮埃尔如果不是被马修改变了命运的轨迹，也将贴着坏孩子的标签生活下去；池塘底教养院，这个名字本身也是一个巨大的灰色标签，孩子们在这里已经不必努力做"好人"。如果不是马修的爱和音乐唤起孩子们心底的梦想，对未来的憧憬，对生活的希望，这里的孩子长大后会成为怎样的人？

健康的兴趣爱好是心灵维生素。

如果一个人学习成绩不够好，经过努力也不能很理想，那没关系。或者音乐、或者体育、或者绘画、或者园艺、或者摄影、或者写作、或者收藏、或者其他种种，总有一样是他擅长的。如果有一百面墙壁，一定有一百零一扇门，打开门，就是一个新世界。

不要因为一片落叶就否定整个季节，也不要因为一次失意就拒绝更多的可能；不要因为昨天而否定明天，也不要因为一次摔倒就拒绝再起身上路。

健康的兴趣爱好，不但可能成为未来的职业，也是释放压力的良好途径、培养自信的不二法宝、获得友情的便利通道，更是生活中很有意义的重要部分。

在广泛的兴趣爱好中，选一些自己比较擅长的，比较容易收集资料并有所收获的，保持下去，5年，你就是身边圈子里的权威；20年，你就可能是这个领域首屈一指的专家。即便不做权威，不做专家，从爱好本身你也能收获无尽乐趣，未来还可以把这乐趣分享给亲密的朋友和喜欢的人。不管多忙，处境多难，也不要放弃自己的兴趣爱好。

一直以来，我喜欢看书，喜欢步行，喜欢深夜里想些事情。这几个习惯无数次帮我找到正确的拐点，度过危机时刻。看书，使我开阔了眼界，丰富了心灵；步行，使我锻炼了身体，也能积跬步到达遥远的目的地，体会脚踏实地的感觉和成就；深夜的思考则帮我冷却了沸腾的情绪，从冲动边缘回归理性核心，不让自己做出不计后果的莽撞行为。

最近几年，我喜欢摄影、种植，还有家装。摄影总要选取恰当的角度，记录美丽的瞬间，正是这些美丽的瞬间，像珍珠一样在生命的长河里闪闪发亮；种植的时候，要有耐心和细心，不同的花草有不同的习性，喜欢不同的水土和温度，发芽开花的时候更能收获成功的喜悦；家装，要自己动手，先设计，然后选择材料，找恰当的工具，再把做好的东西放置到合适的位置，方便、美观、实用，在这个过程里，有我对家庭的深厚感情，也有我为改变现实所做出的琐碎努力。这在我的另一本书《好妈妈的快乐放养》里多有描述。很多时候这些事我会和孩子一起做，一起计划，一起实施，分享快乐。

我们鼓励孩子有自己的兴趣爱好，尊重并支持他们做点喜欢的事情，在做事的过程里人会有微妙而深刻的体验，那是课堂无法给予的知识和能量。不要因为孩子放学去踢球而抱怨，也不要反对孩子收集摇滚明星的唱片，比孩子的成绩和名次更重要的是让他们懂得生活的乐趣和独立的思考。

在所有的兴趣爱好中，我首推音乐。从我过去做老师的经验来看，就是学习再不好的孩子，纪律再散漫的孩子，也很少有不喜欢音乐的。有不爱看书的，有懒得运动的，有不爱聊天的，但很少有不喜欢音乐的，尤其是流行音乐。我想可能是因为孩子们能通过听歌放松心情，找到共鸣的情感体验，或者通过唱歌抒发情感，释放情绪。没有歌词的纯粹音乐也有不同的作用，有人喜欢摇滚乐的奔放，有人喜欢乡村民谣的浪漫，有人喜欢轻音乐的舒缓，有人喜欢钢琴独奏的清幽，有人喜欢民乐独奏的风情，总之人们在不同的音乐里获得所需要的东西。

现在的中学生喜欢听的音乐，可能和父母年轻时喜欢的音乐不同，我记得自己上中学的时候还喜欢诸如《水手》《我是一只小小鸟》《我的未来不是梦》之类的流行歌曲，现在的孩子是不是更喜欢《双截棍》《想自由》《再不疯狂我们就老了》之类的歌？一个时代的人有一个时代的声音，流行音乐里也有营养和思考，在听歌唱歌的过程里，孩子们体会其中的意味，温习对情感世界的感觉，找寻真正的自我，也探索心之方向。有些歌唱着似是而非的爱来爱去，家长也无须紧张，进入青春期的孩子本来就在以自己的方式渴望着对爱的了解，爱并不应让人羞耻，相反，对爱的理解是人格成熟的重要一步，在歌曲里体会也是一种演习和释放。至于震耳欲聋的摇滚，家长就把它当成是孩子青春的宣泄或激情的碰撞好了，实话实说，我们做家长的是不是也有大把人喜欢摇滚乐，喜欢披头士，喜欢 Beyond？

流行音乐并不是肤浅的快餐，里面有丰富的感情，也有优美的旋律、诗歌般的词句，其中不乏给人精神鼓励和心灵陪伴的积极元素，比如《红日》《最初的梦想》《Everyone Is No.1》等等，有时候这些歌对人的鼓舞作用，比父母和朋友更大。在听音乐的过程中心情得到舒缓，也会让人有反思和沉淀。我们可以和孩子一起听一些音乐，互相了解，把我们喜欢的分享给孩子，也去了解并接受孩子所喜欢的音乐，孩子和家长共同语言多了，交流也会更顺畅。

除了歌曲，也可以陪孩子听一些纯音乐，纯音乐因为没有歌词的羁绊，反而给心灵和思想更辽阔的空间，比如一些民乐《十面埋伏》《春江花月夜》《高山流水》,或一些经典音乐《献给爱丽丝》《小步夜曲》《乘着歌声的翅膀》等。钢琴、小提琴、古筝、琵琶、二胡等乐器所演绎出的美和风味也是不同的，音乐可以怡情，可以带给人美的感受，也能安抚焦躁的情绪,带来宁静和沉思。用美好音乐滋养心灵，事半功倍，而且简单方便，只需要我们投入一点时间和耐心，有意无意间把音乐的魅力呈现给孩子，让他们乐于去音乐里遨游、徜徉。

在有条件的情况下，我建议家长帮孩子选一样乐器进行学习，自己亲自去演绎音乐和听音乐、唱歌又是不同的，一个人的音乐修养也能对其行为和心理起到净化和升华作用。

第五章
让孩子的心灵强壮起来

从临床心理学来看，我们可以把人的全部心理活动用"心理健康""心理不健康"和"心理异常"这三个概念来区别。

"心理健康"和"心理不健康"都属于"心理正常"的范畴，只有健康水平的高低之分，而"心理异常"就属于心理不正常的范畴了，严格意义上来说，通常"心理异常"会需要精神病学的干预治疗。

大部分学生的心理是在心理正常范畴内的，包括"心理健康"和"心理不健康"，而这里的"心理不健康"包括一般心理问题、严重心理问题、部分可疑神经症问题。这些问题有些可以随着人的外界环境和心情的变化而自行改善，有些则需要心理咨询师的帮助。

本章所列的基本属于心理正常范畴内的心理不健康状态，是表现比较普遍又往往没能引起家长重视的情况。非常值得注意的是，有些人的心理不健康状态没有得到及时关注和解决，很可能会发展成"心理异常"，造成严重后果，家长切勿掉以轻心。

虚无、厌世、自杀

小梅是个 17 岁的女生，有些肥胖，皮肤较黑。同班女孩有的开始谈恋爱，有的拒绝了别人的追求，小梅却从没收到过男生的纸条或礼物，尽管她学习成绩比较好，但男生都是来抄她作业，问她问题的，没人觉察小梅作为女孩的心事。她悄悄喜欢班里的一个运动型男生，他高大英俊，性格开朗，而且这个男生还说以后要和才女交往，这让小梅心如鹿撞，她觉得自己内心是个诗情画意的女孩，如果对方能慧眼识珠，自己真是死而无憾。于是小梅写了一首诗，夹在了运动型男生的书里。不料被人发现，男生们都笑话运动型男生"有艳福"，女生们则冷嘲热讽，说小梅"恐龙想吃王子肉"。运动型男生刻意回避小梅，尽量不和她说话，小梅陷入深深的痛苦。小梅想到自己，努力学习也不能改变容貌和身材，丑小鸭变不成天鹅，连父亲都开玩笑地叫自己"小煤球"，现在想来人生真无趣。就算以后上大学进名企，也是永远的丑小鸭，不可能得到白马王子的青睐。如果自杀，就不必再被这些折磨，身体被焚化，成为骨灰，再无美丑肥瘦的困扰，也不必再奢望别人垂青，不必再被嘲笑，一了百了。小梅写好遗书，投水自尽，幸亏被人救起，但她打算再次自杀，直到彻底离开这个无聊的人间，得到永远的解脱。

自杀是中国第 5 大死因，每年因自杀死亡的人数近 30 万。其中 15~24 岁的人群占自杀总人数的 26.64%；5~14 岁的少年儿童占自杀总人数的 1.02%（1988 年），而且这个年龄段的自杀人数还呈现上升趋势。在中国儿童自杀原因的排行中，学习压力过重占第一位（45.5%），其次为早恋（22.7%）、父母离异（13.6%）。在自杀者的年龄排行中，12 岁占第一位（40.3%），其次为 14 岁（22.7%）、11 岁和 13 岁（13.6%）。在自杀者的性别对比中，女孩远远高于男孩：女孩占 72.7%，男孩仅占 23.7%。在自杀方式上，选择口服药物的占了绝大多数，达 95.5%。（来源：搜狐新闻）

这些残酷的数字让人心悸，我们必须探讨如何减少这些数字，让更多的父母懂得如何与孩子相处，帮孩子度过心理危机。

我们每个人都是"被出生"的，无法决定是否踏上这段未知的旅程。生活不快乐的人却希望自己来决定生命结束的时间。出于对自由意志的尊重，我们理解那些企图自杀的人所经受的痛苦，但很多人自杀是因为对现实的偏执期望和不能处理的困境。案例中的小梅，无疑承受着沉重的精神枷锁，对自己外貌的失望，对情感的失望，对未来的失望，种种失望集合在一起，使其丧失生活乐趣，只求解脱。

中学阶段的孩子心理还不够成熟，抗压能力非常有限，也许在大人看来算不得什么的小事，在孩子的世界可能就是过不去的大事。一方面我们得站在孩子的立场理解孩子，另一方面需要帮孩子建立开阔变通的思维方式，跳出绝对化思维的泥沼。

要帮助小梅这样的孩子打开心结，父母可以从如下方面入手：

父母平时就要注意，少用绝对化的衡量标准谈事情，例如："考不上好大学就绝对没前途""我们的希望可都在你一个人身上了""一类本科毕业都未必能找到好工作，要是一类本科都考不上还能有什么出息""我宁可把你打死，也不许你继续和他来往""你要是做不到就别认我这个妈"等等。也许父母未必真能如此狠心，但对孩子来说这些话字字入心，起不到教育作用，却破坏了亲子关系。有些孩子还会觉得自己是精神弃儿，遇到挫折的时候宁可求死解脱。

创造机会让孩子和家长、信任的老师或者情感热线谈谈。让他们把压抑的心情表达出来，不要让负面心情如瘟疫一样蔓延增长，把自己推进死胡同。在交谈的过程中，让孩子知道，每个人都可能遭遇情感挫折，这和外貌没有直接的因果关系，而且，这种情感挫折是有利于一个人的心智成熟的，一帆风顺反而未必就是幸运。自然法则就是相生相克，羚羊跑得快，和猎豹的追赶有关系。

父母不能叫孩子的外号，伤害孩子的自尊心。例如"小胖""肥妞""吃货"，即使是半开玩笑的外号最好也不要叫。同时父母要多肯定孩子的优点，包括一些身体特征，比如个子高，头发黑。家长可以给孩子一些建议，比如运动减肥、饮食美白、服装搭配和色彩运用，扬长避短，达到美化自身的效果。

家长帮助孩子结识一些身体残疾但是顽强生活的人，从海伦·凯勒这样的榜样人物身上汲取力量，自我鼓舞。身体残疾的人都能顽强奋斗，乐观生活，何况身体健康的人呢？

关于王子的困惑，这是每个青春期女孩的功课。一个人最终能否收获美好的爱情，与本人是否漂亮关系不大，看看光艳照人的女明星都在经历怎样的情感故事就知道了。时间会让美丽的容貌变成鸡皮鹤发，但那些在夕阳中携手散步的老人还是让我们感受到温暖。每个女孩都可以得到自己的王子。我们可以告诉孩子，最值得你喜欢的人等在下一个路口，但是在此之前你要先做最好的自己，健康快乐，珍惜时间。相对来说大学生活更自由，到那时再寻找适合自己的人做朋友，这样更合适。中学阶段一切未知，学业压力又大，大家的思想也不成熟，往往你喜欢的并不是某人，仅仅是喜欢一种感觉，不过是把这种感觉寄托给了一个载体。

生活会给人各种考验。人生不仅仅是得到爱，更主要的是付出爱。父母十多年的养育，学校多年的教育，自己还没有回报，在过去的生活中一直是索取者，难道不该给这个世界一些回报吗？这个世界上的人也许并不需要你多美丽，但是需要你正直善良，需要你播种爱和希望，需要你帮助那些经济困难或心灵黑暗的人，也需要你的笑容去播洒光明。春耕夏耘秋收冬藏是自然的法则，人生也不例外，等你过了18岁，绽放更美好的青春，你可以去尽情追求你所渴望的。

这个不完美的世界，正是我们存在下去的理由。就是要因为自己的存在使得那些不完美得以改善，这种改变是人存在的真正价值和意义，否则完美的世界里生活着完美的人，过着完美的生活，那才是真正的虚无。

沉湎于性冲动

小安是个性格内向的少年，和大部分同年龄的少年一样，已经意识到自己的身体在发生着微妙的变化，对美丽的女生也开始有了种种幻想，并在幻想中一次次得到生理的释放和心理的愉悦。小安不敢把这些说给父母，小安想"他们会不会斥责我的想法和做法？"在同年龄男生中间，大家也在热议一些艳星的出位演出，也会互相发一些成人电影和视频，有些女生也传播这些，当然这都得背着老师。小安越来越沉湎其中，更多的时间和精力消耗在这个问题上，晚上休息不好，白天无精打采，路上看见年轻美丽的女孩就立刻想入非非，藏在手机里的图片和视频让他欲罢不能。他非常憎恨自己没有自制力，也曾把图片和视频全部删除掉，但隔天又重新录入回来了。有一次手机被一个同班女生借用，还回来的时候她小声嘀咕了一声："真恶心。"这让小安觉得无地自容，很长时间不敢和这个女生说话。

小安的成绩下滑，精神萎靡，老师家长都很着急，但是他们不知道问题出在哪里。小安不玩游戏，不打架闹事，也没发现他谈恋爱，怎么总是一副没精打采的样子，问他什么也不说。小安每天都生活在性冲动的乐趣和自我责备的痛苦煎熬中，对成绩下滑和精神萎靡无可奈何。他甚至想去花钱找女人，或者干脆交一个女朋友，又觉得那样"更肮脏"，也害怕被人知道，受到家长和老师的批评。

性冲动也是本我的自然需求之一，在精神分析大师弗洛伊德的理论中，性本能的压抑是造成大部分心理问题的原因，关于这些理论就不赘述了。中学生的生理机能已经逐渐成熟，相应的生理需求和心理需求也属自然，但由于中国的性教育一直朦胧隐晦，使得孩子们不得不自己寻找答案。加之网络开放平台和部分影视节目以性诱惑吸引眼球，谋取利益，中学生自然受到了影响。

在探讨怎么帮助孩子之前，父母要有一些基本共识，那就是进入青春期的孩子有了性冲动是正常的、自然的事情，不是罪恶，也不是"流氓思想"，开放的态度会减少孩子的焦虑和自责，有助于孩子化解困境。孩子的性幻想、性冲动本身是自然的，只是需要告诉孩子，不要过于沉湎其中，也不要与人发生性关系。

小学高年级和初中、高中、大学阶段，都在进行青春期性教育，然而学校在这方面的教育始终隐晦得很，效果并不理想。对小学生来说，关键是自我保护，不许任何人碰触自己的性器官。到了初中，就要让孩子知道性的原因和性的后果，理性看待性别差异和异性吸引。进入高中，要进行性知识、性法律、性道德、性生理、性心理、性安全、性医学等教育。与其让孩子自己去胡乱猜测尝试，不如逐步给些观念和教育，父母要尝试和孩子更坦诚、更开放地谈到这些问题，通常是母亲和女儿谈，父亲和儿子谈更恰当。比如"妈妈像你这么大的时候，也有喜欢的男生呀，只不过我当时觉得很快大家就会各奔前程，未来还很遥远，一切都未知，所以没有答应他的要求，他要求我去他家过夜呢。""爸爸上高中的时候很喜欢班里的一个女生，每天晚上睡觉前都想她，不过我觉得身为男人，如果不能给喜欢的女人幸福，就不要和她发生性关系，那对她是伤害，你认为呢？"孩子可能会说出不同的看法，没关系，继续讨论。至少在这样的讨论中你知道孩子在想什么，进展到什么阶段，你也可以告诉他，最后的关键时刻要采取安全措施，保护自己也保护对方。

　　家长要告诉青春期的孩子，性冲动在所难免，属于人的本能之一，这里有生物学的因素，即基因传递、种族繁衍的本能，也有社会因素，即在性关系中得到满足和关系的确认，以及自身能力的证明。所以，性幻想和性冲动并不可耻，出现挣扎只是意味着生理的成熟和心理的尚不完全成熟在进行博弈。有的孩子会说："又不是我一个，班里还有男生、女生出去租房子同居的呢！"这真是个不好回答的问题，家长可以说："别人怎么做是别人的事，每个人都得有点独立思考的能力，看人家做什么，自己也跟着做，那不成白痴了？先想想这样做的后果是什么好不好？如果后果超出一个人的承受能力，还依然坚持去做，那不是不负责任吗？"

　　正是因为心理的尚不完全成熟，也无法承担性行为的复杂后果，所以在未成年之前，不能随意尝试，这点可以参考国外的一些调查数据。20世纪60年代，西方发起一场轰轰烈烈的性解放运动，大量的少女怀孕打胎。半个世纪以来，令人悲哀的后果是，在美国和英国，约有1/3的女性不能生育，男生因此受到的心理影响也很严重。所以，建议孩子至少达到法定成人年龄之后，再开始考虑这个问题。即使达到法定成人年龄，经济是否已经独立，对感情的看法是否已经成熟，谈恋爱究竟是出于彼此的喜爱还是利益交换，都值得更深层次的思考和谨慎对待。

孩子可以通过适量的体育运动释放更多的身体能量，跑步、球类、瑜伽、竞走、游泳等活动都能使身体健康，也能使人的心态更加阳光。有时候孩子会看一些成人视频或图片，是让他偷偷摸摸背着父母看呢？还是父母正大光明地给点意见呢？您自己决定。

家长还可以让孩子通过转移注意力，有意识地把更多时间、精力集中到目前的主要任务上，人在不同的年龄阶段，要完成属于这个阶段的主要任务，才能为以后的工作和生活打下基础，过早开放的花朵也最先凋谢。特别是高中三年，因为大部分人不会选择复读，所以从某种意义上来说，高考对人还是有一定影响力的。孩子一方面要把主要精力放在当前的主要任务上，另一方面，除了学习之外，发展其他的兴趣爱好，愉悦身心，补充能量，减缓压力，比如发展阅读、绘画、音乐、种植等等。对健康的兴趣爱好，父母得支持，发展兴趣爱好意义深远。

尽管当今社会对性的观念比过去更加开放，也更注重科学，但毋庸置疑的是，假如在中学阶段发生性关系，对女生的负面影响比对男生更大。所以，我们有义务保护好自己的孩子，以及保证自己的孩子不给别人的孩子带来伤害。

敏感、多疑、孤僻

小婉是个相貌平常的女孩，父亲病逝后母亲忙于生计，小婉剪了很短的头发，基本没有零花钱，更不用说像同龄女生一样穿漂亮衣服。

上初中后小婉受到男生的讥笑和女生的排斥。有一次班主任老师让全班同学给小婉捐了些衣服和文具，在班会上，当着全班同学的面，小婉低声说："谢谢大家，不用给我这些。"班主任老师立即勃然大怒，觉得小婉不知好歹，老师拉开门把同学们捐的东西都扔到教室门外，小婉过去边收拾边哭泣，然后回到教室对老师和同学们说："对不起，谢谢大家。"从此之后班里同学都和班主任口径一致，说小婉不知好歹，好心当成驴肝肺，女生不和小婉玩，男生更是随意讥笑讽刺她。小婉越来越孤僻，走到哪里都觉得周围的人在嘲笑自己，偶尔帮妈妈去商店买东西，看到售货员笑着聊天，也觉得人家是在议论自己破旧的衣服，嘲笑自己。小婉的母亲想再婚，小婉觉得妈妈彻底不要自己了，以后妈妈会抛弃自己去和别人结婚生孩子。

小婉上高中后，母亲再婚，继父带来一个和自己年纪差不多的女孩。继父和母亲给小婉和妹妹买东西都买一样的，但小婉却觉得自己寄人篱下，觉得他们疼妹妹。在学校，走到哪里，她都觉得别人看不起自己，没人喜欢自己，低头走路，少回答问题，小心翼翼，满心忐忑毫不快乐。有一次同宿舍的人丢了一只手表，大家一起帮忙找也没找到，小婉心里怕得不行，怕被误认为是小偷，她努力鼓起勇气跟大家说"不是我拿的"，却换来大家惊诧的目光，因为本来就没人认为是小婉偷的，她为什么说这样的话呢？

小婉的敏感、多疑、孤僻主要来源于现实因素，成长环境中父爱缺失，使一个小女孩失去了安全感，而忙于工作的母亲没能及时给予她更多的安慰和心灵鼓舞。班主任老师不当的处理方式，更大大伤害了孩子的自尊心。在班内同学的排斥和讥笑之下，本来就性格内向的女孩仿佛暴风雨中的落汤鸡，把头深深地扎在翅膀下。敏感、多疑和孤僻有时候并不复合产生，复合产生时要根据个人的实际情况、严重程度和成因认真分析，一般主要是由负面自我暗示、缺乏信心以及受挫经历导致的。

对这样的孩子，家长可采用如下方式：

鼓励孩子学会积极的自我暗示，放弃过去给自己贴的负面标签。肯定自己的优点，给自己设想种种美好的未来或幸福的场景，尝试更美丽的衣着打扮，在优美的环境中散步，听励志音乐，看些励志电影。有些家长处世态度消极，比如爱抱怨、推卸责任、吹牛、说话不算数，这会无形中影响孩子，孩子在这样的家庭文化里耳濡目染，不懂得给自己积极的自我肯定。

小成就积累大乐趣，把小小的乐趣和满足记录下来，经常看看，哪怕是冬天发现一片绿叶或阳台上开了朵小花，或者看到一只可爱的猫，得到一个友好的微笑、一口好喝的饮料或一顿喜爱的美食，记录下来，写在日记里，不开心的时候翻看一下，有良性暗示的作用。生活处处有美好，放大乐趣，增强信心。

针对敏感和多疑，可让孩子进行耐受力训练和自我开放训练，或称行为治疗。孩子要随意一些，大方一些，告诉自己，自己不是世界的中心，每个人都忙着自己的生活，别人不会整天不做自己的事只顾议论别人。让孩子和别人进行沟通、交流，去除顾虑。比如孩子在宿舍里已经和舍友的关系紧张，那可以让孩子找个时间和舍友谈谈，说出自己的顾虑、过去遭受的痛苦、目前面临的困境，相信大多数人都会被真诚感动，会乐意帮忙的。如果一直不说，孩子越来越封闭，关系只能更恶化。2004年马加爵杀同学案引起轰动，专家事后分析得出结论：导致其犯罪的根本原因就是他的性格缺陷和情绪特点。所以，家长要引导孩子有意识地开放心态，多交朋友，理解别人，有压力要正常排洪，而不能一直压抑着，直到火山爆发不可挽回。

孤僻，有些是回避型人格障碍，要循序渐进地接触外界，克服人际交往的形式障碍和心理障碍。可以让孩子从非常熟悉的信任的人开始接触，也可以借助网络，同完全陌生的人聊天。通常情况下，网络交往给人安全感，因为彼此并不在现实中认识，没有交集，不喜欢的话可以随时断绝往来。有些现实里很内向的人，在网络上却很活跃，好像换了个人。在能保证自己安全的情况下，人们也更愿意表露真情实感。另外养宠物也是好方法，有些有交往障碍的人却和动物相处愉快。

敏感、孤僻、多疑的孩子往往表现出不自信，所以家长可以尝试交代给孩子一些力所能及的任务，让孩子发现自己的能力，肯定自己的优点，寻找自己的优势，进而鼓舞信心。父母也要多带孩子开阔视野，尽可能陪孩子外出活动，利用假期去远足、摄影、探险，孩子走的路多了，见多识广了，心胸也会相对更开阔，看问题的角度也就不那么狭隘。

鼓励孩子在同龄人中交些性格开朗的朋友，男生女生都可以，性格开朗的人往往如阳光般挥洒热情。父母可以创造条件，比如支持孩子办个生日聚会，或者组织几个家庭带差不多大的孩子联合聚会等。

给孩子选一些内容丰富的书，看书能使人开阔眼界，变换看问题的角度，少走极端。大量看书能丰富一个人的知识，也让人增强自信心，改变孤僻性格。知识丰富了，内心也就更强大。

家长多给些耐心和关心，多给点肯定和机会，孩子会慢慢长大，展现出独一无二的自我。

人际交往障碍

　　小波是个聪明的少年，很善于察言观色，他家里有三个孩子，自己排行第二，他有体格强健的哥哥，还有个漂亮活泼的妹妹，小波一直觉得父母更倚重哥哥，经常夸赞哥哥孝顺父母，帮助养家，对妹妹则是纯粹的喜爱，因为妹妹能说会道，哄得父母很开心。内向的小波认真学习，谦让妹妹，但在家中似乎被父母忽略了，学习成绩好坏全凭自己。小波默默地努力，考上了高中，并希望能上大学以得到父母的肯定。高三寒假，父亲和母亲当着小波的面聊天，说起小波的学业，母亲表示上大学虽然好，但是家里没那么多钱供养，父亲说念完高中就该上班自立，书念多了也没用，上了大学找不到工作的也多的是，妹妹马上也要上高中，老大也等着筹钱结婚，哪能这么一直供养小波。从此小波更加沉默。

　　寒假后重新回到学校，小波刻意回避同学和老师，大家都疑惑他怎么了。小波觉得自己低人一等，不被父母疼爱，前途渺茫，努力学习考大学也没用。继而小波开始经常做噩梦，睡不好觉。在学校里有人和小波打招呼，总是吓他一跳。有几次小波被老师叫起来回答问题，他满头大汗、语无伦次，觉得自己好似鬼上身。

　　好容易盼到周末回家，小波走在街上不敢抬头和人对视。见到母亲他觉得内心紧张，喉咙干涩。听到父亲或妹妹说话，他感觉极其难受，于是躲进房间，关闭门窗，塞上耳朵。在外打工的大哥回来，带给小波一件红色上衣，小波接过来什么也没说，他不想穿，看见那件衣服他就觉得自己很罪恶，不能像大哥一样让父母满意。他焦虑、忧郁，不想和任何人说话，只想待在自己的房间里。这样一来，父母更觉得小波不是念书的料，凑合读完高中算了，小波更加难过，情绪也越来越差。

人际交往障碍的发生率在中学生中很高，成因不同，表现也有差异，处理方式也多样化。大部分中学生都或多或少有些人际交往的困惑，有些人不知道如何得到友谊，有些人不懂得交际方法，有些人害怕和异性说话，也有些人和父母之间无法沟通。交流与交际是走上社会必备的能力，也是一个人获得友谊、开放自我的需要。

父母想帮助孩子克服人际交往障碍，先得探寻最初障碍形成的原因。在该案例中，小波对外交往障碍的根源，在于他在家庭内部缺乏安全感和归属感，他想得到父母公平的爱和支持，但努力之后看不到希望，父母反而不避讳地奉劝他别考大学。小波身边别的同学的家长恨不得全力支持孩子，争取考个好学校，可是自己的父母却不在乎，只觉得念大学要花钱，家庭承受不起。小波内心的失落和痛苦可想而知。在了解到障碍形成的主要原因后，可以采取以下措施帮助孩子。

帮孩子去中心化。不要认为别人都在关注你，不必在意别人的眼光，正如你不会把别人当成世界的中心，也没人把你当成世界的中心。

用兴趣爱好发掘生活乐趣。沉浸在兴趣爱好中的人，精神会适当放松，并且会用这种乐趣缓解自身压力，树立信心。孩子拥有一项兴趣爱好，还可以找到拥有相同兴趣爱好的群体，容易获得更多的交际机会。孩子在与大家交流共同感兴趣的话题时，可以得到认同的快乐。

让孩子从行为举止和语言上尽量使自己保持常态，并肯定自己的价值和能力。好像一个长期扮演警察的人，也会把这种职业的正直、勇敢精神带到自己的心灵世界；一个长期模仿古惑仔的人，则会让自己的思想和行为更趋向暴力。让孩子扮演自己心中的理想人物，可以通过想象或文字详细描述健康、乐观的自己，然后去扮演这个角色，心理学上称之为"角色扮演"，实际是要把这种角色的健康精神内化成自己的一部分，好走出过去那个"不够完美的自我"。

让孩子先和兴趣爱好与自己相近的人交往，以真诚的态度去换取友谊，并在交往中尽量多付出一点，这样心理上处于"给予"的主动地位，而不是"等待被给予"的被动地位，更容易获得满足和成就感，同时更容易得到朋友的欣赏和认可。不要经常暗示自己"我内向""我不善交往""大家不喜欢我"，要变成"我可以和喜欢的人多交往""我能赢得他人的理解和尊重""假如我愿意，我能做得更好"。

孩子可以用正向的方式，把心结处理掉。如果孩子的交际障碍来自渴望得到父母的认可和支持，而一直得不到，那么孩子就向父母表达。不管父母是否能理解或改变态度，至少表达出来就不会遗憾，也不会纠结在沟通不畅的苦恼中了。案例中的小波，可以直接告诉父母："我不喜欢你们那么说，我不同意你们的看法""我希望得到你们的支持，我想上大学""我知道家里不富裕，但是上大学后我可以打工，可以申请助学贷款，尽量不给你们多增加负担""你们的谈话让我很伤心，难以置信""我很感谢你们对我的养育之恩，但我想大学毕业后再报答你们"。相信孩子说出心里的感受，父母是能理解和接受的，如果确实是父母的问题，那么父母也该向孩子道歉。有困难，共同商量，每个人都在家庭中汲取能量，得到支持。

如果交际困难使得孩子精神非常紧张，可以让他尝试冥想放松。

通过想象让自己非常放松的事物来缓解情绪压力，缓解紧张程度。然后有意识地逐渐增大交际范围，渐进脱敏。比如孩子不能和同龄男生说话，就先从自我对话开始，说出声音，再和家人谈话，再和亲戚朋友谈话，再和老爷爷说话，再和中年男性或幼儿园小男生说话，最后是和同龄男生说话。声音由小到大，语句由少到多，时间由短到长。这样也能逐渐解决社交困难。

焦虑、抑郁情绪

小桃原本是性格开朗的女孩，但从父母离异后开始心情不好，以前她很喜欢看小说，尤其是爱情小说，但后来觉得书里写的都是骗人的。父亲娶了年轻美丽的新妻子，以泪洗面的母亲教诲小桃说"男人都一样，没有好东西，千万别上当"。小桃知道母亲是因为受到父亲的伤害才这样说的，她说的并不是真理。但小桃没有反驳，她不想更深刺激母亲。母女相依为命的生活本来也还平静，但隔壁搬来一个酗酒的单身男人老赵，动不动就对小桃和小桃的母亲进行言语挑逗，有几次还在楼道拦截小桃要和她交个朋友，小桃告诉了居委会阿姨，管片民警上门教育了老赵，但老赵并无过激行为，所以民警也只是说说他而已。老赵却变本加厉，经过小桃的时候故意说些不堪入耳的污言秽语。小桃打电话把事情告诉了父亲，父亲表示这种情况还是不激化矛盾的好，以免对方做出更过分的举动。眼看没有人保护自己和母亲的安全，小桃渐渐地晚上睡不好，到学校也心事重重，有时候甚至想死，又觉得母亲太可怜。小桃担心自己哪天被老赵非礼，又怕这个事情万一被同学知道，自己颜面无存，怕流言蜚语伤害自己，担心老师会认为自己是个坏孩子。有同班男生向小桃表示好感，小桃拒绝了，她认为结局一定是分手和伤害，那么何必开始呢？小桃表示自己以后不会结婚，就陪伴妈妈生活下去，等妈妈去世了，自己就出家做尼姑，或者跳海，反正没什么好留恋的，父亲也不会在乎她的死活。

不良情绪的出现，除了和人格特点有关外，一般都有现实生活因素的影响。也许同样的事情换个人就不那么紧张，就像有的人看见毛毛虫一蹦三尺高，有的人能捏它起来端详。对中学生来说，他们的世界观正在初步形成阶段，现实因素对其性格和行为方式的影响很大，所以需要父母用心帮助孩子学会处理不良情绪。

焦虑情绪有时候单独出现，更多时候是与其他不良情绪伴随产生，比如抑郁、强迫、恐惧等等。适度焦虑正常，完全不焦虑不太可能，但因焦虑过度而影响到实际生活，或焦虑持续时间较长，则需要做更深入的分析治疗。

抑郁情绪同理。过分抑郁会造成严重后果，有些人是出现行为异常，有些人则开始自杀想象或自杀行为，也有些人转而伤害他人。抑郁情绪有时追随某些人一生，程度根据自身承受力和所经历的事情而变化。

心理学从气质类型上把人分为胆汁质、多血质、黏液质和抑郁质，有些心理学量表专门研究不同气质类型的人所表现出的区别特征，从神经质、精神质和内外向等维度考量。尽管大部分人可能同时具有多种气质特征，但按比例区分依然对推论性格特征有借鉴意义。抑郁质突出的人更容易陷入抑郁情绪。了解一下孩子大概的气质类型，就比较容易理解其表现出来的外在行为方式。

处理抑郁焦虑问题，要对个案进行详细了解，必要的时候还需要做心理测验辅助判断，对不同成因、不同严重程度的情况得区别对待。

对焦虑抑郁的孩子，家长有如下方案跟进：

如果父母离异、家庭环境变化是孩子不良情绪产生的社会原因，那么可以争取其父母的配合，让他们给孩子传递一些观念，比如"父母离婚只是他们婚姻关系的结束，不是父母与子女之间爱的结束，也不会终结父母与子女之间的法定关系、权利和义务"。这些话听起来冷冰冰的，父母得用孩子能理解、能接受的方式表达出来。比如说"爸爸妈妈以后还会和过去一样爱你，关心你，你有任何需要帮忙的地方都可以随时告诉我们。"有的夫妻是经过激烈的纷争之后分手的，但这是夫妻之间的事情，不能绑架孩子的感情，不能说"你爸爸不要咱们了，以后他再也不管我们了""妈妈抛弃你了，她看上别人了，给别的小孩当妈妈去了""你要是和我一起生活，就得保证永远不理你爸爸"，这些要求都是对孩子情感的绑架勒索。

父母依然爱孩子，即使在他们两人分开后，只是爱和关怀的方式会发生变化。父母也需要孩子的爱和理解，父母曾经真诚的相爱不代表会爱到永远，但父母也不要因为今日婚姻的结束而全盘否定过去。所以孩子还是可以相信人生，相信爱情的，成年后去追求属于自己的幸福，建立自己的家庭。父母可以直接告诉孩子："我们的婚姻过去了，但这是我和爸爸／妈妈之间的问题，不是你的错，你还是应该相信生活的，你有权力拥有属于自己的幸福。"这样，起码不给孩子留阴影。

案例中小桃的母亲不能继续以泪洗面，抱怨父亲，这会加重孩子的心灵负担。她应尽快投入工作，稳定情绪，有自己的社会交往和兴趣爱好，甚至可以考虑再婚，这样才能让孩子相信生活，也更敬爱母亲。有些人离婚后精神痛苦，痛哭流涕，精神萎靡，怨声载道。作为成年人要尽快摆脱这些无意义的情绪宣泄。孩子因为父母分手已经很痛苦，这样更增加了她的恐惧和不安。离婚之后的单身妈妈或单身爸爸，起码得让自己衣着整洁，作息规律，工作上进，生活节奏正常，这样才能给孩子归属感和安全感。

　　家长可以帮孩子选一些励志图书或名人传记来阅读，让孩子了解当前所经历的不是最好的也不是最糟的，很多人在逆境中崛起，痛苦反而成为他们奋斗的动力，不要陷在自怨自怜的情绪里消耗光阴。当人无法改变不满意的现状时，唯有改变自己，让自己更充实更强大，才有机会赢得未来。

　　处理不良情绪，还有一个方便有效的方式，就是把不快乐写下来，写在纸上，烧掉；把快乐也写下来，记在本子上，经常翻阅。给自己更多积极暗示，更多主观肯定，逐渐把对阴暗面的焦虑转移到对光明面的欣赏上来。

　　我上中学的时候，写过大约六本日记，几乎每年一本，有的时候三言两语记录小事，有的时候长篇累牍抒发感慨，写日记是梳理思路，同时也是比较健康的情绪疏导方式。最近几年除了写文章之外，我每天也会随手写一些闲言碎语，用笔写在纸上，鸡毛蒜皮、喜怒哀乐都写，不求语句通顺、言辞优美，只要自己能看懂就可以了，或者哪怕写完自己也不认得了，都没关系，因为这样做是为了有效地释放压力。不必专门去找倾诉对象，那样还要担心泄密，担心对方的看法。写在本子上，写完可以保留，也可以烧掉，没有丝毫负担，我相信这个方式对青春期的孩子也会有效。

紧张、强迫行为

小优是个12岁女孩，刚上初中一年级。在上学放学的路上，她总是不由自主地在心中画正方形和正方形的对角线，并与脚下的步伐相配合。小优还在走路时数数，到达目的地的时候必须正好是4的倍数，她才能放心，否则就退回4的倍数的步伐，再重新走一段路，一定完成4的倍数的计算才罢休，有时候要重新走几次。小优知道这样很无聊，没意思，但还是不能控制。小优没有把这个秘密告诉别人，怕大家觉得她不正常。她是从什么时候开始有这种习惯的？似乎是在很小的时候，她站在地上，往床上爬，母亲把她抱了上去，父亲在旁边大喝一声："让她自己爬。"当时小优才四五岁，连续爬了几次才爬上去，然后她被父亲夸奖："好孩子。"从那以后她就喜欢重复做一些动作，上学之后锻炼身体，拍球要拍4的倍数，绕操场跑步也得跑4的倍数，情况越来越严重，上初中之后连锁门她都要锁4次。如果忘记了，只锁了一次，她想起来就得再锁7次，前3次是补第1次锁门不够的数量，后4次是"完美的重新开始"。

父母知道小优的问题后很着急，妈妈责问小优为什么要这样，上学之前和放学之后总追问"你是不是又数数了？数来数去数成了神经病，怎么不控制自己？路上背背外语单词也好，多大了还没完没了地数数？"父亲脾气暴躁些，干脆说："我下次再发现你数数就不客气了，揍你一顿看你还数不数？"父亲并没有真的揍小优，但被父母责备之后小优的症状反而加重了。父母带小优去各个医院看病，身体检查都正常，很健康，没毛病。最后在一位医生的建议下去看精神科，才知道小优的情况也是病，需要治疗。

强迫情绪、强迫观念、强迫意向和强迫动作都属于强迫症状，是否到了"症"的程度，要根据具体情况分析。一般来说，强迫症状的出现总是有些心理因素的，也可能是诱发事件导致的。人出现强迫症状后会焦虑，追求完美又加重焦虑，想控制自己的强迫症状，却控制不住，人就会感到痛苦，想摆脱，却无可奈何。

父母对小优的帮助，可以采用多种方式。

首先是父母不要当着孩子的面，反复提起孩子的"症状"，更不要严厉斥责，当事人其实也为自己的强迫情绪或强迫行为深深困扰，内心已经很痛苦焦虑了，如果家人再不理解，一味呵斥，会加重当事人的心理负担，更强化症状出现的频率和程度。身边亲友不要着急，不要反复强调，不要苛求解决速度。因为过分强调会使症状更严重，使得症状被再次强化而根深蒂固。逐渐解决，许可偶尔的反复。减少发作周期和频率，逐渐消解，效果更稳定。有时候父母爱子心切，带着孩子到处求医，孩子内心的愧疚感反而会加重焦虑，使得强迫行为更严重、更频繁。

在这种情况下可以尝试厌恶法。每当强迫思维或强迫行为出现时，立即转而去想一件非常不舒服的事情，比如女生怕毛毛虫，那么下次再有强迫行为出现的时候就认真地想想毛毛虫。这样做的目的是为了把强迫行为和讨厌的事物联系在一起，从而减少症状出现的频率。也有人会用随身携带的小棍敲打自己一下，以提醒自己停止强迫思维，并因为受到了疼痛的教训而"厌恶"强迫行为的发生，需要提示的是采取这种方法时注意不要发展"受虐快乐"心理。

此外还可以采用理性分析和自我暗示的方法，来治疗强迫思维或强迫行为。一般来说，外界压力大的时候症状加剧，外界压力小的时

x

候症状则相应减轻，所以自我积极暗示会放松精神，使症状有所缓解。其实大多数人都有些小强迫，比如再三叮咛，出门反复检查带没带钥匙，遇到棘手问题的时候会有不由自主的小动作，但是这些没有到影响生活的地步。家长可以告诉孩子，这个不是大问题，有些人不用调整也好了，跟阶段性的心情变化也有关系。

大部分有强迫症状的人都比较敏感，追求完美。追求完美本身无可厚非，但同时人要接纳不完美的生活和不完美的自己，绝对完美是不存在的。这种价值观的转变比较困难，可以通过有计划的调整来改善，比如从前必须擦十遍桌子，后来擦五遍，再后来擦两三遍，这就是进步。

尝试转移注意力，也是个不错的方法。走在路上听听音乐，就顾不得数数了。或者随身带着照相机，看到漂亮的场景、有趣的东西就拍下来，这样分心给更有意思的事情，暂时忘记画线数数的事情，然后逐渐减少画线数数的次数。

必要的时候家长要请专业人士协助处理，特别是已经到了强迫性神经症的地步，更要让孩子及早就医。家长本身不要太紧张，即便确认是强迫症，也可以通过行为治疗等多种方式处理。更不要责备孩子，或者看孩子有了强迫动作恨不得上去揍两下，这是绝对不可取的。

恐怖、恐惧、恐慌情绪

小徐是个 16 岁男生，内向、胆小、害羞、依赖性强。进入高中一年级当天，老师让大家轮流上台做自我介绍，姓名、属相、爱好、理想等等，抽签决定上台顺序。介绍之后竞选班委，并组织爱好小组。

轮到小徐的时候，他非常紧张，但不得不鼓起勇气上台，他结结巴巴地介绍了一下自己，说完之后转头看老师，盼望老师叫下一个同学的名字。就在这时，教室前面几排的男生忽然哈哈大笑起来，接着是全班同学哄堂大笑，小徐不知所措。前排一些女生面面相觑，小声嘀咕"暴露狂"，小徐低头一看，原来是自己的裤子拉链没拉好，露出了红色内裤。小徐顿时觉得热血涌上了头，满头是汗，脸上发烧，眼睛不知道看哪里，恨不得钻进地缝，他连忙拉好，大家笑得更厉害了。从讲台上下来，小徐觉得每个人的目光都像鞭子，他坐到位子上，六神无主，再也不敢抬头，耳边都是哄笑和窃窃私语。接下来其他同学的自我介绍他一点儿也没听见。

此后很多天小徐都觉得非常尴尬，在教室里如坐针毡。一个月过去了，他才逐渐平复了心情，偶尔能和同宿舍的同学说说话。后来小徐发现自己无法在大家面前说话，更不敢上讲台。有时候老师提问，叫了别人的名字，他也吓得一头汗。如果上讲台说话或擦黑板，他会觉得非常害怕、难受，几乎不能呼吸。国庆节班会上，大家表演节目，小徐也被拉上讲台，被要求唱歌或者说个笑话，但小徐根本顾不上说话，呆若木鸡，手足无措，出了一身冷汗，眼睛盯着地板，耳边仿佛又响起一个月前男生们的哄笑和女生们的嘀咕。

恐怖症状是指对某些特定的对象产生强烈和不必要的恐惧，伴有回避行为。恐惧的对象可能是单一的或多种的，如动物、广场、密室、登高或社交活动等。明知其反应不合理，却难以控制而反复出现。

恐惧，是人的七情中的一种，人人都会对某些事物感到恐惧，而恐惧是动物自我保护的先天工具，是一种情绪。

恐慌，是指恐惧与慌乱，主要是指一种行为状态，例如日本核泄漏时很多人高价囤盐，这就是恐慌心理的作用。恐慌不是一种病，所以不能叫作恐慌症。

恐惧和恐慌往往与胆小、焦虑情绪和有担心害怕的事情有关，因环境改变而感到恐惧或恐慌，这是大部分人都会产生的心理状态，只要不是经常反复出现，一般都会随着环境的变化相应减缓或消失。

有些人喜欢看恐怖片，觉得刺激好玩，大部分人看完就完了，少部分人看完后短时期内会有恐惧情绪，不敢自己上厕所，晚上不敢照镜子，洗手的时候幻想水管里流出鲜血，但有人陪伴或灯火通明时就逐渐放松了。还有极少数人，看完后表面上没事，但过一段时间出现幻觉，像电影情节一样，感觉有人跟在身后，感觉镜子里的形象不是自己，感觉窗户外面有人趴着偷看等等。之所以有如此差别，是和个人的心理素质密切相关的。对中学生来说，恐怖片少看为好。恐怖片的刺激感只是暂时的，看完后造成不良后果再想调整回来，就得费一番功夫了。

恐怖症状通常是有特定指向的，同时对当事人的生活或心理有严重负面影响，需要治疗排除。

对恐怖症状的处理，可采用如下方式：

行为治疗，主要是冲击疗法、暴露疗法，它是指突然猛烈地呈现刺激物或进入刺激环境，其原理是消退性抑制，但这种方式存在一定的危险，要在特定的环境之下进行，并进行体检，排除不适用此方式的人群，体质虚弱，有心脏病、高血压和承受力弱的人，不能应用此法。如果是在心理医生的帮助下实行，则需要家属签订知情同意书，同时要有相应的急救措施，以免发生意外。该法效果明显，但是比较痛苦。

比如有人很害怕蝴蝶，那么把蝴蝶反复呈现在他面前，他会从开始的非常害怕，到后来的很害怕、比较害怕、有点害怕、不太害怕，到不害怕时，便完成了治疗。

心理治疗，系统讲解该病的医学知识，使病人对该病有充分了解，从而能分析自己发病的原因，并寻求对策，减轻焦虑和烦恼，打破恶性循环。病人可以学习一些放松技巧，经常性地练习，以稳定情绪。比如害怕猫以及其他有毛的动物，病人可以先想象猫的样子，感到紧张害怕就立即想一件轻松快乐的事情，然后回头再想猫，感到害怕了再想想轻松快乐的事，循环往复，渐渐就不怕想起猫了；接着看猫的图片；最后是看真的猫，伸手碰触，直到最后彻底不再害怕。

药物治疗，需要慎重，需要在专业人士的指导下进行，并严格控制剂量。

持续的关怀和温暖的情感支持，有利于问题的解决，所谓心病还需心药医，这类问题的出现一般都是以受挫经验为背景。只有在修复伤痛的基础上，才有更好的效果。古时有典故杯弓蛇影，大家耳熟能详，让怕影子的人知道那不是蛇的影子，而是弓箭，那个人的病自然就好了。

"社交恐惧症"是恐惧症中最常见的一种，害怕的对象主要是社交场合和人际接触，病人会在公共场合把注意力过分放在周围的环境上，对外界的刺激非常敏感，总觉得别人对自己的一言一行非常关注，总担心自己会出现错误而被别人嘲笑，总处于一种莫名的心理压力之下。社交恐惧症常常会导致口吃、植物性神经功能紊乱甚至兴奋性晕厥等并发症，影响人们的正常生活和工作状态。

青春期的孩子出现上述情况时，家长要有信心帮孩子解决，这不是"精神病"或"神经症"，也不要用"有什么好怕的"来责怪孩子。父母的强迫、干涉、指挥、决断少一些，对孩子的症状缓解也是很有帮助的。

家长可以先尝试用上述方法帮孩子缓解痛苦，并花点时间观察一下效果。如果尝试了一些方法见效不大，则要请专业的心理医生帮助，同时给孩子信心和鼓励。

第六章

重视孩子的人际关系

　　心理学研究认为，良好的社会支持系统，可以使压力事件的强度相对降低，不好的社会支持系统，其作用相反。

　　有密切的社会联系的人寿命较长。相比之下缺乏密切社会联系的人，有 3%~30% 的概率更容易死亡。由此可见，亲密的可信任的关系，是有效的压力缓冲器。对中学生来说，仅仅有父母的支持还不够，建立更广泛的多元的社会支持系统，将能更好地帮孩子缓解压力，获得精神上的满足和安全感。

　　社会支持系统的作用包括：具体地支持当事人，比如物质条件支持；给当事人精神支持，比如帮当事人理解、分析问题的性质、强度、应对方式等，或帮当事人重获信心、鼓起勇气等。

　　家长要支持孩子交朋友，同时也要帮孩子检查社会支持系统的优劣，减少不安全因素和负面影响，避免近墨者黑。

私奔的女生

　　朵朵是一名高二女生，和一个校外男孩建建交往半年了。两人是在冷饮店偶然认识的，开始不过是偶尔约会聊天吃饭，但两人越来越有感觉。朵朵觉得建建和学校里的男生不同，他自己打工养活自己，生活自由自在，而且建建很幽默健谈，让朵朵觉得自己是被宠爱的公主。背着老师和父母，朵朵偶尔会逃学去建建的住处，两人也发生了性关系，之后朵朵对建建更加依恋，觉得他从不逼迫自己学习，而且很照顾自己的感受，比父母和老师更了解自己。朵朵多次逃课终于引起学校注意，老师和家长知道后都很震惊，尤其是朵朵的父亲，更是结结实实地揍了女儿一顿。朵朵离家出走，跑去和建建共同生活，在警察的干预下才不得不回家。

回家之后朵朵拒绝和父母谈话，当得知建建离开当地回了山西，朵朵痛哭流涕，偷了妈妈的钱，要去山西和建建团聚。父母只好把她关在家里，轮流看守。离开的建建从此没有消息，这更让朵朵陷入深深的痛苦，憎恨父母拆散了自己的"爱情"。

现在中学生谈恋爱已经不是新鲜话题，回想我们自己上中学的时候不是也有关系很好的男生女生嘛，只是不像如今这样的观念开放。讨论是否该早恋已经没意义，网络发达、资讯丰富、观念更新、人权发展，现在不是许可不许可的问题，而是如何引导并控制适当的交往程度的问题，以及退一万步的"如何保护自己不受伤害"的问题。

与其说朵朵是喜欢建建这个人，不如说她是渴望一种自由的生活方式，能和成人一样主宰自己的命运，与其说这个女孩是为爱情私奔，不如说她是因为缺乏爱而寻找替代。青春期的女孩开始希望得到异性的青睐，也渴望在男女交往中肯定自己的魅力和重要性，这些功课不要让她们独自去摸索，家长提前就得给些观念，另外更重要的是让她们懂得保护自己不受伤害。

第二，家长要尊重孩子的情感，不要在孩子面前辱骂其交往的男性朋友，更不要用污秽的言辞辱骂女儿，对已经发生的事，可以平静地沟通，听听解释，了解她为什么把这段关系看得如此之重，是生活

中缺失了什么，还是父母给的关怀不够。有的父母怨恨孩子和人发生了性关系，感到自己的面子被大大伤害了。事情已经发生，首要的是先查验孩子是否怀孕，为了不伤害孩子的尊严，就在家用试孕纸检测，母亲出面，父亲回避。另外在征得孩子同意的情况下，应该由母亲带着她去做妇科检查，看是否有传染性疾病（为了让孩子放心，可以选择一家距离较远的医院，以免孩子遇到熟人尴尬），母亲要表现出开明的态度，用轻松的语气和温柔的支持帮孩子度过敏感时期。

第三，由妈妈出面陪孩子看一些新闻报道或有深度的电影，让她知道人性的复杂和生活的不可知，以及发展下去的种种可能。可以和孩子一起探讨假如交往下去，五年之后的情形会怎样，一个漂泊打工的男人带着一个没有生存能力的女子，可能还有一个上不了户口的孩子。如果感情生变，则一切都覆水难收。如果生活下去，处境艰难也会把原本美好的感情折磨成琐碎的争吵。万一有了孩子，经济、心理等各个方面的压力都很大，受到伤害的就不仅仅是两个当事人，而是一群人，这对其他人来说很不公平。电影《飓风营救1》，讲述的正是两个17岁女孩独自外出被卖淫集团控制的故事，可以陪孩子看一看，让孩子理解父母的担心是出于爱和关心，而不是控制和干涉。

第四，家长要帮助孩子重新回到学校，必要的时候可以换个学校，保护孩子的尊严和隐私，不能轻易旧事重提，也不要整天疑神疑鬼，查书包翻日记偷听电话。家里给了自由的空间，孩子就不必去外面寻找自由空间。孩子回到学校之后，有正常的学习生活和作息规律，加上有课业要完成，比较容易从旧事中走出来。如果休学在家无所事事，反而会纠结在往事里，不能自拔，对解决问题没有帮助。

第五，帮孩子转移注意力，把心情逐渐转移到学习和兴趣爱好上，鼓励同学间的人际交往，陪孩子外出散心，接触生活，让过去的事情淡化，告诉她上大学后可以有更多选择的机会。那时候已经是法律意义上的成年人，可以做出能承担后果的选择和决定。如果可能的话，父母可以求助孩子最信任的同性好朋友，对于孩子来说，好友的奉劝有时候比父母的话更容易接受，因为和好友的年龄相近，孩子会愿意倾诉，征求意见。但一定要注意保护孩子的隐私，不要做对外暴露孩子伤疤的人，那样会激起孩子更强烈的逆反，感觉自己被父母"出卖"了。

第六，取得老师的协助，让孩子在学校能得到老师的关怀和尊重，有心事能及时询问长辈的看法，不必陷入孤独迷惘。让老师从另外的角度和学生谈谈，让孩子明白真挚的爱情是需要现实基础的，离开土壤的瓶中花会转瞬枯萎。家长和老师要达成协议，不要在公开场合讨论此事，当老师找孩子谈论此话题时，不要持续反复地指责，而要将心比心地探讨，给孩子点时间消化负面情绪，重整信心。

我记得自己上高中的时候，同班有个谈得来的男生经常接送我上学放学，两家住的距离也不太远。后来被老师知道了，出于责任心找我父亲到学校谈话。我父亲表现得相当开明，告诉老师这些都是家长早就知道的，也说了两家大人都认识，孩子们只是为了安全搭伴上学放学的。老师放心了，听说此事的我觉得很骄傲，父亲这么信任我，我自然不会做让他不开心的事，况且我们只是觉得谈得来，在一起比较开心罢了，远没有老师担心的那么严重。

高中学生还不能客观地区别喜欢、好感、爱情，也容易把文学角色和自己相联系，往往会混淆艺术与生活的界限，忽略艺术角色的环境背景而只单纯地看到让人感动的生死执着。如今的孩子也没有父母想象的那么简单，很多时候他们知道后果可怕，只是情感冲动自制力差，事前忐忑、事后悔恨也是有的。父母可以给孩子说说父母之间的爱情往事，或者自己曾经恋爱失败的经历，这也是不错的方式，高中学生已经能理解，也会因此更珍惜家庭，更尊敬开明而坦率的父母。

网络交友须谨慎

电影《水果硬糖》讲述的是14岁女孩海莉惩罚变态色狼的故事。

海莉和32岁的单身男人杰夫网络聊天，两三周后约定见面，之后海莉跟杰夫回家。杰夫喝了海莉倒的饮料，晕倒了，醒来时已经被捆绑得结结实实。海莉精心布局设计了一切，目的是揭露杰夫的恋童癖，并施以惩罚。杰夫辩白自己并不是海莉以为的坏人，海莉不但找到了杰夫家暗藏的保险箱，还破解了密码，找到了证据，杰夫正是不久前杀害海莉好友多娜的坏人之一。

海莉准备对杰夫实施阉割手术。杰夫后来挣脱了绳索，手持尖刀追上屋顶。在那里，海莉却已经系好了绳套，逼迫杰夫自杀，因为杰夫爱的女孩吉乃尔就要来了，杰夫并不希望自己参与杀害多娜的事被吉乃尔知道。杰夫辩解杀害多娜的人叫艾伦，不是自己，但海莉微笑着说，艾伦自杀前也是这样说的。如果杰夫不自杀，不但要面对隐私被公布，还要受到法律制裁，同时彻底失去在吉乃尔心中的位置。为了让海莉保守秘密，杰夫钻入绳套跳下了屋顶。

网络世界并不完全是虚拟的，来自现实，回到现实，每个来到网络世界结识别人的人，都带着自己的动机，或者寂寞，或者倾诉，或者需求，或者释放，而最常见的当然是神秘的、浪漫的情感机会，也许情感只是一部分，有些人确实是来找性机会的，不仅仅是男性。

在真实的生活中，很多人犯罪前并非不知道采取非法手段的后果，只是偏执于自己当时掌控的局面和眼前唾手可得的目的，比如抢劫和强奸。这说明法律手段是社会约束的底线，在此之前缺失了的是道德底线和健康心态。

关注中学生成长中的种种问题，是每个家长的责任。追根溯源寻找心灵之路的方向，逆流而上，找到症结，唯此才能在心灵的原野上种下爱与希望，消灭罪之萌芽。

2011 年 3 月 14 日，某女孩小雪到石家庄市长安区公安分局报案，声称 11 日下午到长安区见网友，被网友和网友的朋友轮奸。虽然犯罪嫌疑人被警方抓获并供认了犯罪事实，也将受到法律的惩处，但是对小雪来说，这是一场终生不醒的噩梦，用什么样的代价也无法改变已经发生的残酷伤害。（来源：长城网）

每个去见网友的人，都希望有浪漫美好的结尾，但这神秘刺激的冒险之旅可能有去无回。有时对方不过是垂涎美色或钱财，有时却是在等待可变卖的器官或纯粹的杀戮对象。

成年人也未必能永远保护好自己不受欺骗，何况是对外面的世界充满幻想的孩子。以为已经做好了准备，以为见面的地方是公共场所，以为遇到了优雅的王子或纯真的公主，其实也可能是撒旦的舞会。

懂得追求，乐于相信生活是美好的，但提高警惕并且蔑视诱惑是必需的安全带。

网络相识只是众多相识途径之一，无法脱离现实的土壤和真实的人性，现实的土壤除了花草也有腐烂的肥料，真实的人性除了真善美也有假恶丑。关键是要保持距离地辨别，然后做出可以承受后果的决定。

现在的孩子几乎人人有电脑，每天要上网，交往的圈子不仅仅局限于实际生活中的同学、老师、亲戚朋友，很多孩子都有网友，很多人出于好奇也会出去见网友。特别是学习生活有一定压力，学校、家庭两点一线的生活轨迹也容易使人感觉枯燥。外面的世界是新鲜的，陌生的网友是神秘的，在网上聊天又没有顾忌，能随便说出心里话，也容易得到陌生人的安慰。而孩子看问题毕竟单纯，不太注意对方的真实用意或目的。在不知不觉中对网友投入了较多的信任和感情，结果发生被抢劫或被伤害的事后追悔莫及。

家长没办法禁止孩子网络聊天、网络交友，那么应该把以上这些可能潜在的危险说给孩子，提醒孩子保持警惕性，不要对陌生人泄露太多自己的隐私或自己的家庭情况、家庭住址、经济情况、父母职业等，犯罪分子往往善于"套话"和投石问路，从蛛丝马迹分析对方的各种信息。

如果孩子要去见网友，最好的方式是邀请对方在一个公开的场所见面，并且由家长陪伴。家长可以换个委婉的说法："让我也见见你的朋友好吗？然后我请你们吃饭。"如果孩子不同意，那么就建议孩子带几个同学一起去，可以约在肯德基这样的人多热闹的地方，会相对安全。

尤其要注意的是，绝不能允许孩子独自去外地见网友，更不许留宿在网友处，即使同样是男生或同样是女生也不行。之前曾经发生过女同学强迫另一女同学卖淫的案件，也发生过同性网友被抢劫杀害的事。我们当然不是不相信这个世界，只是每个家庭都赌不起，宁可多点小心谨慎，也要减少可能存在的危险和伤害。

拒绝偏激

电影《牯岭街少年杀人事件》讲述的是中学生小四恋爱受挫后误杀女友的故事。

战后台湾，经济萧条，政治气氛紧张，来自不同地方的外省人在这里重新扎根生活。这里的中学生拉帮结派，往往会势不两立地争斗，小四、小马、小猫、飞机、滑头、小翠、小明正是当中的一群，他们在建国中学夜间部上学。

小四是个学习上进的少年，父亲是老实的公务员，母亲在小学代课。小四因为顶撞老师被要求退学，但小四努力复习，争取转到日间部。小明是个美丽的女孩，是小四喜欢的对象，但小明和马司令的儿子小马交好。小四和小马翻脸之后，在街上遇到小明。她拒绝了小四，并说："这个世界和我一样，是不会因你而改变的。"冲动之下，痛苦的小四扑向小明，连扎七刀，小明死去，小四被捕。小明的母亲无法承受痛苦，也自杀身亡。小四被判死刑，后来改判 15 年有期徒刑。

中学生打群架现象越来越多，网络上有很多视频。他们不知道，这样出去战斗，每次都可能有去无回，虽然没有深仇大恨，但是双方都是冲动少年，难以控制情绪和局面，后果往往在预料之外，有些时候会身不由己。

大人们是经历过的，知道其中利害，所以会选择交往的人和所处的环境，但孩子在刺激冲动下忘记选择，甚至不敢选择，貌似主动，其实被动。比成人更惶恐，要借助团体、帮派、小圈子的力量，让自己得到安全感。通过观看相关电影作品，家长可以让孩子知道可能发生的后果，知道有策略地保护自己，同时确保不卷入伤害事件。

学校不是纯净水的世界，被胁迫、被打、被孤立、被伤害都有可能发生。大人鞭长莫及，不可能时刻陪伴孩子，而且孩子认为这是自己的事情，都告诉大人很丢脸，希望自己有办法应付。

电影里老师在课堂上问，是谁开的汽水，问小四，回答不知道，老师说："你不说就你啦，站着吧。"现实学校里这样的老师不在少数，没道理可讲，孩子们不讲道理，就是从这里学的。考试，抄袭的被退学，被抄袭的也被记大过，虽然是电影，但生活中也是如此。我们的孩子在学校也要面对这些，所以我们得告诉孩子如何看待，如何处理这些问题。你不能改变所在的环境，但可以决定自己做什么不做什么。

很多中学生在冲动下做出暴力伤害的事，是出于报复，出于不能接受的现实。特别是如小四刺杀小明这样的行为，心理学上把这称为"反黄金法则"，就是自己怎样对待别人，也要求别人必须怎样对自己。其实，这是不可能的，就像你可以迷恋偶像，但偶像不必迷恋你。每个人在法律许可的范围内，可以有自由的意志和行为，你喜欢张三，李四喜欢你，你不会因为李四喜欢你而接纳李四，所以张三也不必因为你的喜欢而喜欢你，大家都在各行其是。如果能遇到彼此欣赏接纳的人，当然是美好的，但是不是要发展下去或发展到什么程度，也受到现实条件的约束，也要考虑后果和代价。不顾一切的结果就是失去一切。

成人得在这时候告诉中学生，有些事情确实不在人的掌握中，我们只能做自己力所能及的努力，在法律和道德的范围内，做出努力。至于结果，永远有这样那样的可能，接纳各种可能，才是成熟的做法。

2011年4月2日下午放学后，大理州祥云县沙龙镇石碧小学，五年级的学生杨某，被9个高年级同学劫持到学校后山山头毒打，全身多处被烧过的圆珠笔烫伤。据沙龙镇派出所民警介绍，该案件中，患者伤情未构成重伤；施暴者中最小的12岁，平均年龄未满14岁，将不负刑事责任。（来源：云南网）

如果现实不够美好，不能让人满意。我们只能通过努力去改变这个旧世界，建设新世界。与世界同归于尽无疑是愚蠢的，因为世界不会立刻结束，但渺小的个人却必须为自己的行为立刻付出代价，也会有无辜的人因此受到不公平的伤害，包括那些初衷依然是爱的成人和原本也渴望美好的中学生。

心理学上有一种治疗方式，叫"合理情绪疗法"，通过理性分析和逻辑思辨，改变人的非理性观念，从而解决情绪和行为问题。换言之，就是强调人们之所以对同样的事情可能有不同的情绪和行为反应，是因为各自持有不同的看法、解释、评价、信念。比如失恋，失恋本身是一件事情，有人失恋后陷入痛苦绝望，仿佛世界末日；也有人吸取教训，分析究竟问题出在哪里，然后重新选择适合自己的恋爱对象，所以大凡看法偏激、行为鲁莽的人，如果能尝试放下主观极端的看法，接纳现实中的种种可能性，也就不必用极端行为伤害自己、伤害他人了。把那些带有强迫观念的词语"必须""当然""绝对"放下，换成"也许""可能""争取"会更健康、更客观，也更容易达成和谐的内在。

很多家长只要求孩子考高分、上名校，却不愿意孩子学一门生存技术，养活自己。这种观念其实是非常偏激和狭隘的。这和我们过去的文化态度有关，所谓"劳心者治人，劳力者治于人"，这种价值观，导致现在很多大学生毕业之后，总觉得找不到合适的工作，就是研究生毕业一年跳槽三五次的都很常见，找不到适合自己的位置，想有前途、待遇好、受尊重，却不肯按部就班积累经验。

在西方，犹太家庭有让孩子学手艺的传统，这可以保证人在不能做自己喜欢的事情时，至少可以用手艺先生存下去，能独立生存、养活自己、承担基本的责任，这才有可能得到更多的机会，去发展向往的事业。定居时，学习耕作、撒种、收获、拾穗、料理葡萄园、酿酒、木工、看羊、制皮革。家庭工作之外，还学习制陶、织工、泥工、金工或铁工等方面的技术。这是一种非常值得我们学习的务实精神。

拒绝偏激，接纳现实，从现实起步，走向所追求的生活，才是正常的。当家长不再那么偏激地用非此即彼的标杆衡量孩子时，孩子也能放下偏激，回到现实，不苛求完美，也不再对这个世界或自己提出极端的要求了。

校园帮派非儿戏

小刚是个单亲家庭的少年，很小的时候母亲去世，父亲没有再婚。平时生活自己照顾自己。父亲脾气暴躁，动不动就对犯错的小刚拳打脚踢。上初中三年级后，因为学习成绩差，老师多次请家长到学校商议，但小刚的父亲都以工作忙为理由拒绝了。老师无可奈何，小刚觉得自己考不上高中，对学习生活也很反感，家庭生活更是感觉不到丝毫温暖，于是他混迹在和自己经历类似的男生中间，打架旷课玩游戏。

因为男生之间经常有打斗发生，大家都有些不错的哥们保护自己，所以小刚加入了一个帮派组织。小刚开始觉得好玩，这样很潇洒，很"男人"，有归属感，兄弟们一起吃喝玩乐，也一起打架，被处罚也有同党陪伴，不孤单。但逐渐地小刚发现自己已经"人在江湖，身不由己"，帮派大哥要求小刚也参与抢劫或收"保护费"，不能违抗命令，否则就"家法伺候"。有次跟随大哥去殴打一个流浪少年，对方被打得满身鲜血，小刚有些担心打出人命，劝大哥住手，被赏了两个耳光。接着有另一个男生想退出帮派，被大哥斥责为"叛徒"，打断了手指。

直到后来帮派斗殴发生严重伤人事件，大哥被抓，小刚才得以脱身，但也终日担心，怕被帮派的其他成员找到，继续参与活动，索性连学校也不去了。初中勉强毕业后，小刚被父亲送到另外一个城市上寄宿职业高中。

帮派之所以在中学生中存在，有几个原因：

首先是这个年龄段的孩子，要通过参与一些群体来找到自己的归属感，在群体中求得精神共鸣或安全保护，担心独来独往受到伤害无人伸出援手，或者成为异端被群体排斥，显得不合群。中学生也是需要建构自己的社会支持系统的，除了血缘关系和亲密关系之外，还需要社会关系。为什么女生容易形成小圈子，分享隐私，分担压力，一起聊天，交换信息，而男生容易投入球类运动，互动游戏？因为人是需要圈子的，在圈子文化里找到归属感。电影《迷幻公园》中，那些意气相投的孩子一起玩滑板、扒火车，问题少年和问题少年在一起，因为他们能互相理解，彼此之间是"平等"的，谁也别看不起谁。

其次就是帮派文化的影响，电子游戏往往提倡为帮派利益而残酷杀戮，尽管是虚拟游戏，人们一样获得了宣泄的快感。在现实生活中的压力、不满、委屈都在游戏中得到了释放，进而被强化，成为循环刺激，自我洗脑。同时在一些古惑仔电影中，受到暴力画面和情节的鼓舞，仿佛自己也成为了剧中角色，像剧中人一样骁勇彪悍，尝试在现实中"圆梦"。渺小而无力的个体一旦加入组织，成为成员之一，更容易放弃自我判断，变成人云亦云、随大溜的集体无意识状态。这种人心理上有不自觉的安全感，如"反正又不是我一个人""反正大家都这么做""反正我不是带头大哥""我受欺负的时候也能叫上大家为我出头""在女生面前有面子"等心理思想。

再次，成人世界的错误观念、暴力崇拜，成为了中学生追捧的对象。帮派因为有"帮规""纪律""义气"这些精神控制，更容易让缺少辨识能力的中学生盲从，热血沸腾，所向无惧，沦为帮派组织者的赚钱工具和免费劳工。有些思想单纯的孩子甚至愿意出头顶罪，动机仅仅是"义气"。他们大多不太思考事情本身的对错，仅仅是党同伐异。

要解决拉帮结派逞暴力的问题，需要家长帮助。

第一，法制教育。父母要让孩子认识到加入帮派、参与集体违法行为，最终要受到法律制裁。冲杀驰骋的时候是所谓的"兄弟"，进了监狱就是独自面对铁窗生涯，亲人痛苦，无路回头。许多人有侥幸心理，觉得"人多势众"，但人再多也是违法。每年被清剿的黑社会组织还少吗？就是别人盗窃你望风也照样算同犯。至于顶罪，更是大可不必，每个人都要为自己所做的一切承担后果，同样是人，没有谁该替别人承担后果，不管以什么名义。表面是义气，其实是鼓励逃避责任和怯懦自保，同时被伤害最深的是爱你的亲人。还有些孩子单纯地认为自己是未成年人，法律对其无可奈何，事实并非如此。法律会依据罪犯年龄大小以及社会危害程度，做出从轻或从重的法律处罚，即使是未成年，一样要承担相应的法律责任，有时候父母也要负有赔偿责任。

第二，心灵关怀。很多中学生走进帮派暴力的旋涡，和其原生家庭爱的缺失或成人爱的方式不当有关。有些父母常年在外打工，青春期的少年和爷爷奶奶缺乏共同语言，遇到困惑无处倾诉。有些中学生家境不错，父母提供了较好的物质条件，但是没有同时提供精神引导和道德教育，甚至父母本身就习惯用暴力解决问题。有的孩子在家里经常看到父母之间武斗，逐渐习以为常，在家庭暴力的熏染下心理脱敏了，动辄挥拳相向，不屑语言沟通，也不善于沟通。

父母是孩子的榜样，也常常是孩子模仿的对象，因此不要在孩子面前有激烈的语言冲突和肢体冲突。夫妻之间的问题应私下解决，更不要让孩子当裁判，问孩子愿意跟谁过。在孩子的世界里，父母本该是一个整体，选择其中任何一个都像是剁左手还是剁右手那样难以抉择，这个抉择是不公平的，夫妻之间的问题不能让孩子埋单。有些丈夫对妻子有家庭暴力，儿子小的时候只能噤若寒蝉、恐惧旁观，长大后会对父亲有深切的仇恨，但又不愿意和父亲直接暴力冲突，转而参与帮派组织，在对外的暴力活动里宣泄仇恨，这些问题值得家长反思。

第三，帮派暴力文化是对人性中本我能量的某种释放，但本我的所有欲望并不是都能为现实世界所接受，所以才要有超我的"道德我"来控制，常态下表现出的"我"是在本我与超我之间奔走谈判的自我。一个人过度强调满足自己的私欲快乐，其实是超我的死亡和自我的退却，是不健康、不完整的心理状态。

父母可以带孩子打球、游泳、爬山、健身，通过一些健康的方式宣泄本我能量。男生进入高中之后身体发育和体能发展都进入高峰期，适当的体育运动会起到减压排洪的作用。至于所追求的社会关系支持系统，可以在足球小队、电玩小队、篮球小队等等之中得到满足，那

么父母就要鼓励中学生有健康的社交圈子，而不是除了学习小队一概禁止的高压政策。

记得我自己上中学的时候，同学里也有一些男生整天"威风凛凛"地横冲直撞，十多年过去了，生活消磨了单纯的锐气，除了个别被劳教外，其余的流散在社会上各寻生路，有的借了高利贷跑路了，有的东躲西藏开黑车，有的老老实实经营饭店……再没有一个人像上学的时候那样热血沸腾打打杀杀了，生活会给人最现实的教训，只是等到醒悟的时候大局已定。我们可以把自己学生时代的经历说给孩子，也让他们看到暴力就像百米赛跑，过了红线就是泄气的皮球。

近朱者赤

电影《九降风》以9个高中生的青春成长为背景，讲述关于义气和友谊的故事。

英俊的阿彦处处留情，伤害了女友小芸的感情，哥们小汤被人误认为是夺人所爱的阿彦，被别校男生暴揍。小汤帮小芸补习功课后暗生情愫，之后有意识地远离阿彦和朋友们。小芸让小汤帮忙转交分手信给阿彦。小汤来棒球馆传信，散场后小汤骑车载着阿彦，男生们一起飙车。路上，阿彦被摔了一下，起来后看似无碍，大家去了阿彦家，但睡去的阿彦再没有醒来，成了植物人。

博助偷来的摩托车被阿升借去骑，警察抓住阿升。阿升出于义气，不肯说出车是博助偷的，博助害怕被退学也不肯出来承认，义气的阿行揍了博助，还跑到警察局顶罪，结果阿行和阿升都被退学。小汤想调解矛盾，却无能为力。毕业典礼后小汤一个人乘火车去找时报鹰队，在球场上遇到了偶像队员……

人们在生活中期望人际关系正常化，为了在心理上或物质上得到更多支持，帮助自己从容应对困境。家庭、学校、舆论等等都是获取支持的源泉。

中学生之间的友情、义气、朦胧好感，也无不是在寻求认同和支持。这种企图得到社会支持系统援助的本能，无可厚非，但不是所有的支持系统都有效。有些孩子家庭破裂了，或者和老师的关系不好，一部分支持系统的功能减弱。在这种情况下，人就会自动地加大对剩余的支持系统的期望。有些成年人选择了不被父母接纳的人作为结婚对象，当后来的婚姻出现问题时更加难以接受。倾注太多期望给某方面的支持系统，一旦出现问题，人们往往很难接受失败，更难以承受挫折。

作为父母，要尽量给孩子提供安全稳定的支持体系，同时也要支持他们在同龄人中寻求友谊，帮他们选择健康而多元的支持系统。不要让孩子因为受到师长的批判而把获得支持的希望完全寄托给哥们义气、社会闲散人员、网络虚拟游戏和虚无的恋情。在不安全不健康的关系中，距离违法犯罪只一步之遥。

深圳"爱心大使""感动中国"人物丛飞的遗孀邢丹，乘车途经惠深沿海高速公路稔山路段，遭飞石击中前挡风玻璃致其受伤，2011年4月14日凌晨被宣布死亡，终年30岁。16日凌晨4时，3名疑犯被抓获，均为10多岁的中学生。据称，3人因贪玩向车上扔石头等硬物，以击中为乐。（来源：网易）

也许这 3 个恶作剧的少年没有想到自己的行为会造成这样恶劣的后果，使得一个 5 岁的孩子成为了孤儿，使得一个 30 岁的母亲命丧黄泉，使得一个家庭彻底破碎。他们有基本的辨识能力，知道可能砸坏别人的车子，也知道这不是有道德的行为。但他们互相之间没有阻止，只为取乐而不顾行为后果，直到惨祸发生才悔之晚矣。

好朋友帮人明辨是非，像医治心灵的良药；坏朋友把人带向堕落毁灭，像慢性毒药。

友情很重要，成长中的中学生有了自己的隐私，更愿意把心中的喜怒哀乐分享给同年龄的朋友，因为互相更容易理解。朋友的选择很重要，选择怎样的人做朋友，每个人都有自己的想法，或者兴趣爱好相近，或者脾气秉性相投，或者互相有所帮助，也可能是被老师抛弃的难兄难弟。

为了维护所珍视的友情，有时候放弃了原则，甚至违背了道德和法律。盲目的义气，使得各方都受到伤害。比如对朋友做的不对的事情不好意思阻止，集中表现在打群架和从众犯罪行为上。明知道不该这样做，却出于面子听之任之，最后不但友情被玷污，还要背负法律责任和道德压力，更无法对老师、家长交代。

无数的名人名言告诉人们友情的本来面目，不是所有的好感都是友谊，也不是所有的友谊都能走到最后，盲从和纵容与友谊无关，只是怯懦和无知的产物。

很多中学生迷恋球队、枪械、军事、特种部队、航空、潜艇、战争、侦探，尤其是精力充沛的男生们。如何把爱好控制在有规则的范畴之内，就需要家长帮忙甄别和矫正。

爱好可以让人沉湎其中，找到乐趣和价值，并收获友情，但前提是，这个爱好得确认安全，并为社会准则所接纳。

法国作家维克多·雨果在《悲惨世界》中曾经写过这样一段话：当一个人的心中充满黑暗的时候，他就会去犯罪，有罪的不是犯罪的人，而是制造黑暗的人！

规则，简单地说就是游戏规则。打篮球有打篮球的规则，玩扑克有玩扑克的规则，生活也一样。凡是不遵守规则的人，特别是法律规则和道德规则，就好像三级跳远踩线的人，跳得再远成绩也会作废。理智的做法是，首先保证不犯规，然后掌握技术，努力奔跑、飞跃、着陆。

毕竟，有效的第三名也好过无效的第一名。

处于第二反抗期的中学生一方面正在受到明确的纪律约束，另一方面却出于逆反心理要和纪律、规则的约束作对，以求证明自己并获得更多自由。这种心情可以理解，但不是所有的逆反行为都在可接受的范围内。

没有规矩不成方圆，这道理谁都明白，但人有爱自由的天性，没有人天生喜欢被人变成方的或圆的。就像钻石不打磨就难以灿烂夺目，人如果不经过历练和规则的打磨也难成气候。规则一方面在一定程度上限制了人的自由度，另一方面却令人在一定阶段内集中时间、精力、能力专注于当前的主要目的，更容易取得成绩。

法律是以国家强制力保证实施的公认准则，道德是以文化观念和社会舆论为手段的准绳，只有在法律与道德的框架内达成的公平才是有价值的。

从来没有绝对的自由，一个人遵守法律，尊重公德，即使学习成绩一般，依然可以从容生活，怡然自得，问心无愧。

世间最美好的东西，莫过于有几个头脑和心地都很正直的严正的朋友。　　　——爱因斯坦

和你一同笑过的人，你可能把他忘掉；但是和你一同哭过的人，你却永远不忘。　　——纪伯伦

和好老师做朋友

电影《麻辣教师》讲述的是一个不循规蹈矩的老师，理解并帮助学生的故事。

离经叛道的鬼冢英吉曾经是叛逆少年和暴走族，他应聘到北海道做中学代课教师。此时，正好有个逃犯清二也隐匿到此地，结果女记者熏错以为鬼冢英吉是逃犯，变身为教师坚持追踪报道。通过接触她发现貌似无厘头的鬼冢其实是爱学生的好老师。鬼冢到校连续遇到麻烦，懦弱的男生阿荣在铁轨上卧倒，孤僻的女生绫乃站在楼顶做出自杀的样子，群起反抗上课的学生们要求自习，鬼冢利用自己独特的方式和坚强的决心帮助学生走出心灵困扰，也让学生们接纳了自己，回到课堂。

阿荣鼓起勇气，绫乃也回到了学校，学生们重新理解了友情，学校免于拆除，清二在万众瞩目的时候向警察队伍自首投案，记者熏获得升职。一切已经皆大欢喜，潇洒的鬼冢跨上风驰电掣的摩托前往下一个未知的旅程。

学生们期望有理解自己的老师，不自私、不怯懦、不虚伪、简单直接，并且真心尊重学生的人格，关注学生的心灵。

很多老师是优秀的、辛苦的、用心的，但是也有一些还需改善，冷酷的批评和指责，敷衍漠视和嘲弄，带给学生的不仅是一时的痛苦，甚至可能是对学校的彻底厌弃，对生活的彻底失望。

我们希望有好的老师帮助孩子走过青春的迷惘和失落，帮助孩子处理成长的烦恼。家长要做好与老师的沟通协调，努力帮孩子营造健康成长的生活环境和学习环境。

2011年3月11日，山东省邹平县第一中学高二学生范某，在晚自习期间被班主任柴某某叫出教室单独谈话，结果突然晕倒死亡。网民将此事称为"谈话死"，不少人认为这个17岁的孩子死得太过蹊跷。邹平县公安局后来下达了尸检结果的通知书，通知书称，范某"由于头部遭受摔跌，致颅脑损伤死亡"。邹平县有关部门表示，司法部门通过调查，证实柴某某谈话期间曾与学生范某发生推搡行为，涉嫌过失致人死亡，构成犯罪。柴某某已经被警方拘留。（来源：新华社）

以上事件老师有不可推卸的责任，可见师生关系对年轻的孩子们来说多么重要，一位好老师对孩子的帮助可能使其受益一生，但是一位老师的失误或者漠视，却更可能瞬间消灭一个鲜活的生命。

三毛的书里曾记述童年可怕的回忆，老师让三毛站到讲台上，用毛笔在她脸上涂画作为惩罚。后来三毛多年不去学校，甚至自闭、退学、害怕与人交往，幸亏三毛的父母态度开明，温柔耐心，以及后来遇到顾福生那样的好老师，才给了三毛新的希望和新的勇气去生活。

和老师做朋友，听上去有些不容易，其实以我做老师的立场来说，我很愿意和学生做朋友，人人都希望自己被信任被尊重，得到学生们的信任和尊重也是每个老师所希望的。家长忙于工作，每天不过早晨晚上，在有限的时间里和孩子接触，过了晚上十点就要休息了。老师不一样，几乎一整天的时间都在学生附近，是学生日常生活里很重要的角色。往往学生们也认为老师的话很重要，希望给老师留下好印象，毕竟和老师融洽相处，能让学校生活轻松愉快些。遇到家庭问题，心理问题等，学生还可以向信任的老师求助，孩子们渴望得到老师的理解认同，因为这是社会认同接纳的一部分。请老师们倾听孩子的内心，并保守秘密，尊重他们的看法，耐心疏导，帮忙分析，必要的时候得多方协作解决。

我们回顾自己上学的时候，也有喜欢或者不太喜欢的老师，可能和老师们不同的个性特点有关系。帮孩子和老师建立融洽的关系很重要，因为工作日白天的大部分时间，孩子是在老师的管理下生活和学习的，如果不喜欢哪个老师就连带着不喜欢这门课，最终受损失的是孩子自己。如果有问题不能及时向老师求助，而家长又不在身边，受到伤害最大的也是孩子。

如何和老师做朋友呢？

首先，家长要鼓励孩子去发现老师的优点和可爱之处，人都未必尽善尽美，老师也一样，但孩子到学校是向老师学东西的，能抓住主要的东西就好。一方面，孩子要向老师请教自己不擅长的功课，提高学习效率，改进学习方法。另一方面，对于学习以外的问题，孩子要随时和老师沟通，比自己误打误撞要好得多，因为老师考虑问题终归更全面些，在家长考虑不周的时候可以起到补充作用。

其次，如果和老师之间发生了冲突或误会，要让孩子及时向老师解释，和老师沟通真实想法，因为孩子要和老师相处几年，不愉快的氛围会大大影响孩子的心情和学习效率。老师毕竟是成年人，不会和孩子太过计较，对诚心沟通的孩子自然乐于敞开心扉，毕竟每个老师都希望孩子能学习好、德行好，各方面都好。

再次，孩子尝试和老师做朋友，要表现出诚恳谦逊的态度，这样老师自然乐意帮忙和提供建议。而且，有些心里话不想说给父母也可以说给老师，老师往往会站在客观立场帮孩子梳理思绪，提供建议。

由于新闻里也有报道老师处理方式不当的案例，加剧冲突甚至导致学生自杀，所以家长还要告诉孩子，如果老师的处理方式有问题，孩子该如何应对。

首先，如果老师性格粗暴，不讲道理，体罚学生，甚至侵害学生，孩子要学会保留证据，先请家长出面和学校沟通，沟通未果再寻求教委的帮助或诉诸法律。

其次，在冲突剧烈的时候要尽快离开现场，不要恶化局面，当时的情况不必非论出谁是谁非，老师在体力和心理上都占据相对优势，继续直接当面冲突可能会激化问题。不如等双方情绪冷静下来，再寻求学校出面协调。如果与学校协调也不能解决问题，家长要接手处理善后问题，这些已经超出了孩子的能力范围。

再次，被打的可以离开现场或求助家长，被冤枉的可以逐渐解释甚至求助校长，千万不要想不开导致自杀，或者直接和老师发生暴力冲突。要知道，眼前看似严重的大事，时间会慢慢将其变成沙砾，即便有委屈，即便被欺负，也可以在家长的帮助下渡过难关，不要沉湎于当下难以自拔。退一万步，哪怕退学回家，也不是世界末日，人生总会翻开新页。

感恩的心

电影《十七岁的单车》讲述的是一群不同命运的少男少女的故事。

农村少年小贵 17 岁，来到北京打工。快递公司给一群同样来自农村的打工少年洗澡理发换衣服，然后每人发了一辆变速自行车做送快递的交通工具，车钱从送件的收入中逐渐扣出来。小贵挥汗如雨地穿梭在人潮汹涌的城市，想早点拥有这部车，结果车子被盗。

他费尽辛苦找到车子，车的新主人是中学生小坚，小坚生活在一个再婚家庭中，家中有继母和继母带来的妹妹，还有收入微薄的生父。父亲在生活压力之下屡次食言，没有给小坚买变速自行车，于是小坚偷家里的钱去买了小偷销赃的车，也就是小贵的车。多次交涉之后两人达成协议，每人用一天。

最后一次见面时，小贵被卷入小坚与别人的械斗中，车子被人砸烂，跟跄起身的小贵扛起破烂了的车子扶着墙离开，身后是小坚的目光……

同样是 17 岁的少年，家庭情况不同，生存方式也不同。随着中国很多地方逐步开发和农村城市化进程，越来越多的农村少年到城市打工或读书。打工者，他们的劳动权益能否得到保障，他们的困难能否得到更多帮助，直接关系着他们的生活，也关系着城市的未来，是多一个勤劳乐观的追梦人，还是多一个满怀失落和仇恨的失败者。在大学里，同样如此，马加爵案件过去了，但留下的疼痛和思考还在，谁也不希望再出现马加爵类的事件。人与人之间，基本的尊重和善意是滋养心灵的源泉，温暖他人，化解仇恨，会带来更多的理解。

在城市，虚荣和自尊是不能让一个少年心安理得地接受轻视的，比车子、比鞋子、比父母、比房子，在每个城市都不稀奇，在所有学校都不稀奇。有的上小学的孩子，父母开车接自己放学的时候，让父母把车停到离学校远点的地方，觉得父母的车不高档没面子。这里，也许不该只怪孩子不懂事，大人们不也一直在用这样的逻辑要求孩子吗？

部分农村孩子进城务工后内心不平衡，在该上高中的年纪到城市里找工作，看见自己的付出只换取微薄的收入，和城里人优越的物质条件几乎是天壤之别。

城市孩子，衣食无忧，偶尔恋爱，但是往往因为长久深陷在个人情绪里，很多人大学毕业还没完成心理断乳，一旦生活出现较大波折就难以承受。

2010 年 3 月 30 日，四川大学学生曾世杰，在江安校区明远湖边将同校女生彭某杀死，并将另两名同校男生砍伤。事后，经多方调查和曾世杰自己交代，他与受害者并不认识，只是进入大学后，认为自己遭到周围同学歧视，又因容貌遭到别人嘲笑，最终出手杀人。后经司法鉴定，曾世杰在作案时无精神障碍，并具有完全刑事责任能力。成都中级人民法院一审判决曾世杰死刑，剥夺政治权利终身。（来源：环球网）

我们的孩子需要有感恩的心。一个没有感恩的心的孩子会成为一个自私自利的索取者，得到再多的爱和帮助也觉得理所当然，总觉得自己是最重要的，最核心的，地球都要围着自己转，这种心态对孩子的成长没有任何好处。

做父母的经常对孩子说："为了你，我们吃了多少苦！"可是得到的不是感恩，而是一句："你愿意！"贫困地区的孩子在学校吃早餐，把发的煮鸡蛋藏起来带回家给奶奶吃，自己只喝一碗稀粥挺过上午半天，记者问："你不饿吗？"孩子羞涩地笑着说："不饿。"这是成功的感恩教育，来自本色生活。

在农村或者在城市，因为家庭条件或者相貌问题而自卑的学生不在少数，如何处理心理落差，面对现实是首先要思考的问题。自卑如野草在内心疯长，报复如尖刀刺伤别人也断送自己。与其自卑不如自强，但这远非说说这么简单，是学校、家庭和社会合作努力的方向。

所谓换位思考是指不管身处怎样的社会角色，经常假设别人是自己，自己是别人，用这种方法去思考是最简单的理解之道，可以体会别人的酸甜苦辣。这种心理角色的暂时转换，会带来广阔视角和宽容心态。沸沸扬扬的网络炒作事件——贫穷的患儿母亲谢三秀为筹医疗费跪行千米以配合网络策划。诚然欺骗是不对的，但是换位假设这样的不幸发生在自己身上，多少也会理解这个可怜的母亲是不得已而为之吧。同样，做孩子的换位自己是父母，做父母的换位自己是孩子，那么曾经一度横亘在彼此之间的代沟也许就不是那么难跨越了。

善意本来是不需要学习的，那是人性的一部分，但药家鑫案让我们不得不重回起点。一个弹钢琴的优雅少年，交通肇事之后再连续刺出八刀，致使原本轻伤的女子最终惨死在血泊中。到了法庭上还在说自己过去的成长经历中父母管教过严，而没有说对不起父母的养育，似乎自己只是无辜的孩子。被害人两岁的孩子在每天对着照片叫妈妈，那才是真正的无辜者。

在这些血淋淋的案例的背后，是青春期教育的缺失，导致孩子的世界观、人生观、价值观扭曲，本应成为社会栋梁的人反而成了令人心生畏惧的杀人凶手。作为家长，在痛心的同时，更要重视培养孩子正确的人生观念。中学六年，是孩子人生观形成的重要时期，因此这一时期的心理教育尤为重要，家长在这一时期，对孩子的影响更是举足轻重。

千里之行始于足下，不管是现实的生活还是高远的理想，都需要脚踏实地的努力，勤勤恳恳的付出，可以羡慕，不必嫉妒；可以向往，不必憎恨。每个人都有属于自己的轨迹，有自己的生活，不能仰仗别人。唯有如此，才能活出真正的自我。